PENSE COMO UM ARTISTA

Will Gompertz

PENSE COMO UM ARTISTA

...e tenha uma vida mais criativa e produtiva

Tradução:
Cristina e Iara Fino

5ª reimpressão

ZAHAR

Copyright © 2015 by Will Gompertz

Tradução autorizada da primeira edição inglesa, publicada em 2015
por Penguin Books Ltd, de Londres, Inglaterra

*Grafia atualizada segundo o Acordo Ortográfico da Língua Portuguesa de 1990,
que entrou em vigor no Brasil em 2009.*

Título original
Think Like an Artist: ...and Lead a More Creative, Productive Life

Capa
Estúdio Insólito

Preparação
Diogo Henriques

Revisão
Isadora Torres
Eduardo Monteiro

CIP-Brasil. Catalogação na publicação
Sindicato Nacional dos Editores de Livros, RJ

	Gompertz, Will
G622p	Pense como um artista: ...e tenha uma vida mais criativa e produtiva / Will Gompertz; tradução Cristina e Iara Fino. — 1ª ed. — Rio de Janeiro: Zahar, 2015.
	il.
	Tradução de: Think Like an Artist (...and Lead a More Creative, Productive Life).
	ISBN 978-85-378-1505-2
	1. Criatividade. 2. Pensamento criativo. 3. Arte. I. Título.
	CDD: 153.35
15-25891	CDU: 159.954

[2022]
Todos os direitos desta edição reservados à
EDITORA SCHWARCZ S.A.
Praça Floriano, 19, sala 3001 — Cinelândia
20031-050 — Rio de Janeiro — RJ
Telefone: (21) 3993-7510
www.companhiadasletras.com.br
www.blogdacompanhia.com.br
facebook.com/editorazahar
instagram.com/editorazahar
twitter.com/editorazahar

In memoriam
Steve Hare

SUMÁRIO

Introdução 8

1. Os artistas são empreendedores 18
Andy Warhol, Vincent van Gogh, Theaster Gates

2. Os artistas não fracassam 38
Bridget Riley, Roy Lichtenstein, David Ogilvy

3. Os artistas são curiosos de verdade 58
Marina Abramović, Gilbert & George, Caravaggio

4. Os artistas roubam 78
Picasso

5. Os artistas são céticos 98
J.J. Abrams, Piero della Francesca

6. Os artistas pensam no contexto mais amplo e no detalhe mínimo 116
Luc Tuymans, Johannes Vermeer

7. Os artistas têm um ponto de vista 140

Peter Doig, Rembrandt, Kerry James Marshall

8. Os artistas são corajosos 160

Michelangelo, Ai Weiwei

9. Os artistas param para pensar 178

David Hockney, Marcel Duchamp

10. Todas as escolas deveriam ser escolas de arte 188

Bob and Roberta Smith

11. Uma última reflexão 198

Agradecimentos 207

Créditos das fotografias e ilustrações 210

Sobre o autor 213

Introdução

A criatividade é um tema quente. É um assunto que hoje instiga políticos, acadêmicos e pensadores, homens e mulheres no mundo todo. Dizem que é muito importante. Que será o centro da nossa prosperidade futura. Até aqui, tudo bem. Mas o que é exatamente a criatividade, e como ela funciona?

E por que para algumas pessoas parece fácil ter ideias novas, brilhantes, enquanto para outras não? É simplesmente um caso de "tipos criativos" que foram "programados" de modo diferente ou tem mais a ver com comportamento e atitude?

SOMOS UMA ESPÉCIE RARA de seres imaginativos. Nossa habilidade para conceber e realizar ideias complexas requer uma série de processos cognitivos que estão além da capacidade de qualquer outra forma de vida ou de qualquer máquina. Para nós, não é nada de mais. Fazemos isso o tempo todo, quando preparamos uma refeição ou digitamos uma mensagem espirituosa a um amigo. Podemos considerar tais tarefas mundanas, mas elas ainda exigem que sejamos imaginativos, criativos. É um dom fantástico e natural que, quando cultivado adequadamente, nos permite realizar as coisas mais extraordinárias.

Usar a imaginação ativa enriquece a mente e a experiência de vida. Nós nos reconhecemos quando exercitamos o cérebro, quando pensamos. Jamais conheci um artista que fosse indiferente ou desinteressado. O mesmo vale para chefs de cozinha, jardineiros ou treinadores de futebol bem-sucedidos; qualquer um, na verdade, que tenha prazer em seu ofício e vontade de inovar. Essas pessoas têm um brilho no olhar que irradia uma vitalidade evidente. Ser criativo possui esse efeito.

O ato de fazer e de criar é profundamente prazeroso, revigorante e recompensador.

Mas como fazer para aproveitar esse talento inato? Como tirar nossa criatividade da inércia e gerar aqueles conceitos originais e ousados que acrescentam valor à vida e mesmo ao mundo como um todo? E, mais especificamente, como acionar nossa imaginação para invocar pensamentos inovadores, que sejam capazes de se transformar em algo concreto e relevante?

Tenho pensado nessas questões a maior parte do tempo durante as últimas três décadas. No início, porque ideias novas e pessoas talentosas me fascinavam. Depois, porque isso se tornou parte do meu trabalho como editor, produtor, escritor, comunicador e jornalista no campo das artes.

Tive o privilégio de poder observar e conhecer alguns dos grandes expoentes do pensamento criativo de hoje, do audacioso artista britânico Damien Hirst à superatriz norte-americana Meryl Streep, grande vencedora do Oscar. Todos eles são diferentes, é claro, mas num ponto, ao menos, não tanto quanto você possa imaginar.

Ao longo dos anos, tornou-se evidente para mim que há certos traços facilmente identificáveis comuns a todas as pessoas criativas bem-sucedidas, de escritores a diretores de cinema, passando por cientistas e filósofos. Não me refiro a qualidades fantasiosas e sobrenaturais, mas a práticas e processos básicos que induzem seus talentos a florescer. Práticas e processos que, se adotados, poderiam ajudar o resto da humanidade a liberar sua própria criatividade latente.

Capacidade criativa é algo que todos nós temos, disso não resta dúvida. É verdade que alguns podem ser mais aptos para compor música que outros, mas isso não define necessariamente os não compositores como "não criativos". O fato é que somos todos perfeitamente capazes de ser artistas de um tipo ou de outro. Temos todos a capacidade de conceitualizar, isto é, de nos afastar do tempo e espaço em que vivemos e considerar um conjunto de ideias e associações abstratas que não estejam relacionadas entre si ou ao momento presente. Fazemos isso quando sonhamos acordados, imaginamos situações e mesmo quando mentimos.

O problema é que alguns de nós ou foram convencidos de que não são criativos ou ainda não encontraram seu caminho. A confiança em nossa própria criatividade pode minguar, o que é ruim. A autoconfiança é crucial. Em minha experiência, os artistas, como muitos de nós, têm medo de ser "descobertos". Mas de alguma maneira conseguem reunir confiança suficiente para superar as dúvidas, o que lhes permite apostar em sua criatividade. Os Beatles eram um bando de jovens com tempo livre que tiveram segurança suficiente para convencer a si próprios, e depois o mundo, de que eram músicos.

A autoconfiança é crucial. Os artistas não pedem permissão para pintar, escrever, atuar ou cantar; simplesmente vão lá e fazem.

Eles não esperaram ser convidados. Os artistas não pedem permissão para pintar, escrever, atuar ou cantar; simplesmente vão lá e fazem. O que tende a diferenciá-los e lhes dá sua força e propósito não é a criatividade em si – isso todos nós temos. É o fato de terem encontrado para ela um foco, uma área de interesse que estimulou sua imaginação e forneceu um veículo para seus talentos.

Este é um fenômeno que testemunhei pela primeira vez nos anos 1980, quando tinha vinte e poucos anos e trabalhava como ajudante de palco no teatro Sadler's Wells, em Londres. Nessa época, eu ainda não havia descoberto a arte ou, para dizer a verdade, não tinha descoberto quase nada. Mas de fato fiquei bastante atraído pela combinação de práticas artesanais e atos de ilusão que envolviam o teatro.

O trabalho antes e durante a apresentação era duro, mas depois que a cortina final era baixada e o público já tinha saído do teatro, nós saímos todos em busca de um drinque relaxante no pub da esquina. A seu tempo, o elenco do espetáculo e os "criativos" se juntavam a nós. Nesse momento, as hierarquias rígidas que regiam o teatro eram dissolvidas. Setores e cargos eram agora irrelevantes, e volta e meia eu me via sentado ao lado de uma figura célebre, normalmente alguém do mundo da dança (o forte do Sadler's Wells).

Em uma noite podia ser a grande Dame Ninette de Valois – que pertencera ao lendário Ballets Russes, de Diaghilev, e depois fundou o Royal Ballet, de Londres. Em outra seria sir Frederick Ashton, o mestre coreógrafo que nos contava a última fofoca tamborilando sobre as bordas de sua taça de Chablis gelado. Para um jovem ingênuo como eu, criado na Inglaterra rural, aquelas noites eram maravilhosamente intoxicantes e exóticas.

Foi este então o meu primeiro contato com o que se pode chamar de "artistas" genuínos, aqueles espíritos independentes que conseguem ganhar um bom dinheiro e uma grande reputação pelo trabalho de criar coisas. Mesmo no ambiente despretensioso de um rústico pub londrino eles se destacavam. De Valois e Ashton atraíam as atenções embora não as buscassem, e raramente tiveram que enfrentar a indignidade de ser interrompidos. Eles tinham uma força interior que era tão resoluta e poderosa que transmitia uma confiança externa irresistível e encantadora.

Eles não eram seres superiores. Tinham inúmeras fraquezas e inseguranças como todos nós. Mas haviam encontrado aquilo – a dança, no caso – que despertou sua imaginação e permitiu que explorassem o dom superior da criatividade humana, que todos nós compartilhamos. Mas como a descobriram? Como fizeram para nutri-la? E o que podem nos ensinar?

Este livro é minha tentativa de responder a essas questões, com base nas observações que fiz ao habitar um mundo de escritores, músicos, diretores e atores. O objetivo é lançar um pouco de luz sobre o modo como a elite criativa aciona a imaginação e a utiliza como ferramenta produtiva.

Há muito o que aprender com eles, mas talvez sejam os artistas plásticos – e com isto quero dizer pintores e escultores, videomakers e artistas performáticos – os que podem nos ensinar mais sobre o processo criativo. Há uma singularidade no modo como trabalham que torna mais fácil entender como pensa uma mente criativa quando opera em sua capacidade máxima.

Há uma singularidade no modo como trabalham que torna mais fácil entender como pensa uma mente criativa quando opera em sua capacidade máxima.

Daí vem o título do livro. Cada capítulo trata de um tipo de abordagem, ou atitude, que me parece essencial ao processo criativo, e a explora através da experiência de um artista específico. Não me refiro a especificidades técnicas – por exemplo, como preparar uma tela ou como pintar a luz –, mas a maneiras de trabalhar e de pensar que permitem aos artistas distinguir-se criativamente. Maneiras que podem ser aplicadas de modo universal a qualquer um que queira se tornar criativo.

Pessoalmente, acho que haverá cada vez mais pessoas criativas entre nós no futuro, à medida que reagimos aos efeitos disruptivos da revolução digital. Em muitos aspectos, os avanços tecnológicos recentes têm sido empolgantes e libertadores: a internet tornou muito mais fácil a busca por materiais e informações, o contato entre indivíduos com a mesma mentalidade e a criação de redes. E isso proporcionou uma plataforma global barata e fácil para colocarmos nossos produtos no mercado. Todas essas coisas favorecem e dão suporte aos nossos esforços criativos.

Mas há também um lado ruim: ela é um tanto avassaladora. Entre todos os benefícios que a era da internet proporcionou, dar mais tempo livre às pessoas certamente não foi um deles. A vida se tornou ridiculamente atarefada. Nossa existência cotidiana está mais frenética do que nunca. Continuamos com as mesmas velhas tarefas de sempre, mas agora, quando nos sentamos para relaxar, temos uma avalanche de mensagens de texto, e-mails, atualizações de status e publicações no Twitter demandando nossa atenção. Vivemos num mundo insanamente plugado 24 horas por dia, sete dias por semana, exigente e impiedoso.

E isso antes que os computadores programados com inteligência artificial tenham começado a pôr seus bits e bytes em ação. Lentamente, mas de forma inequívoca, informações digitais e redes cibernéticas invisíveis estão invadindo nossas vidas pessoais e, em certa medida, controlando-as. Assim como irão controlar também, no devido tempo, nossas vidas profissionais. Parece inevitável que computadores capazes de processar algoritmos complexos e sofisticada nanotecnologia venham a assumir algumas das tarefas que, para nós, apenas pessoas com boa formação poderiam executar. Médicos, advogados e contadores provavelmente já estão percebendo o zunido suave de um dispositivo digital que se instala em seu território.

Já nos sentimos ameaçados por essa erosão da liberdade e intrusão em nossas vidas. A melhor reação que podemos ter é fazer algo que nenhum computador no mundo pode: deixar a imaginação assumir o controle. É através da criatividade que temos mais chances de encontrar satisfação, propósito e um lugar em nossa era digital.

> **Na era digital, é através da criatividade que temos mais chances de encontrar satisfação.**

Nos locais de trabalho, a criatividade será cada vez mais valorizada e bem remunerada. O que é bom. Mas isso não é tudo. O próprio ato de fazer e de criar é profundamente prazeroso, revigorante e recompensador. Sim, às vezes pode ser irritante e desanimador, mas não há nada capaz de nos fazer sentir tão verdadeiramente vivos e conectados ao mundo físico quanto o ato de dar vida às nossas ideias. Essa é, suponho, a maior afirmação da nossa humanidade.

Também é uma importante e poderosa forma de autoexpressão. Por que outro motivo os déspotas e ditadores prenderiam poetas, e os extremistas destruiriam artefatos artísticos? Eles temem ideias que se opõem às suas e sentem-se ameaçados por aqueles capazes de expressá-las. A criatividade é fundamental. Hoje, talvez, mais do que nunca.

Vivemos em um mundo repleto de problemas urgentes: mudança climática, terrorismo e pobreza, para citar apenas três. Não vamos resolvê-los com a força; são obstáculos que só poderemos superar usando nossos cérebros – quando estivermos pensando como artistas e não nos comportando como animais.

E somos todos artistas. Só precisamos acreditar nisso. É o que os artistas fazem.

1. Os artistas são empreendedores

Há diversos mitos em que gostamos de acreditar no que se refere aos artistas. Temos uma visão romântica dos pintores e escultores. Para nós, eles representam um ideal. Enquanto vivemos fatigados fazendo coisas que na verdade não queremos fazer, para colocar comida na mesa ou porque sentimos que é conveniente, os artistas parecem não fazer tais concessões. Eles seguem seu próprio norte; fazem o que bem entendem, independentemente das circunstâncias, ou das consequências. Os artistas são verdadeiros e heroicos – e necessariamente egoístas.

Eles se recolhem ao sótão (Seurat), atam-se ao mastro de um barco em meio a uma tempestade (J.M.W. Turner) ou caminham milhares de quilômetros (Brancusi) em nome da arte. Não fazem concessões, e a motivação é única: criar uma obra de arte com valor e significado. A coragem e a nobreza predominam...

Até certo ponto.

"QUANDO OS BANQUEIROS JANTAM JUNTOS, CONVERSAM SOBRE ARTE; QUANDO OS ARTISTAS JANTAM JUNTOS, CONVERSAM SOBRE DINHEIRO."

Oscar Wilde

NA REALIDADE, os artistas não são mais corajosos ou nobres ou determinados do que os fazendeiros que percorrem distâncias extremas, em condições climáticas extremas, para proteger seu rebanho. Ou um dono de restaurante que – tendo se despedido do último cliente à meia-noite – salta da cama às quatro da manhã no dia seguinte para chegar ao mercado em tempo de encontrar os melhores produtos. Ou ainda um mestre de obras que tem as mãos calejadas e dores nas costas depois de passar dias e dias construindo uma casa.

Em termos de dedicação à causa e seriedade de propósito, há pouca diferença entre eles além do modo que escolhemos para valorizar suas atividades. O objetivo é o mesmo – e, em todos os casos, não é particularmente romântico ou especialmente nobre. Trata-se de sobreviver e, com sorte, prosperar e ter dinheiro suficiente para continuar seu trabalho.

Mas enquanto fazendeiros e donos de restaurantes podem falar durante horas sobre questões operacionais, como fluxo de caixa e margens de lucro, os artistas se mantêm em silêncio quando o assunto é dinheiro. Parece ser um tema um tanto vulgar, até mesmo aviltante. Sem falar no risco de arruinar a ilusão, criada por nós, de que eles são divindades intocáveis pela realidade sórdida do cotidiano.

Há, porém, eventuais exceções. Andy Warhol era tão fascinado por dinheiro e pelo materialismo que os tornou temas do seu trabalho. Ele batizou seu ateliê de Factory [Fábrica] e disse certa vez: "Fazer dinheiro é arte , trabalhar é arte e um bom negócio é a melhor das artes." Warhol fez serigrafias de produtos de consumo,

celebridades e cifrões. Na verdade, manufaturava imagens de dinheiro que então trocava por dinheiro de verdade. Isso, sim, era um ótimo negócio.

Warhol era extremamente empreendedor. Mas todos os artistas bem-sucedidos também são. Têm de ser. Assim como o fazendeiro, o dono de restaurante e o mestre de obras, os artistas são CEOs do seu próprio negócio. Eles precisam ter aguda sensibilidade para o marketing e conhecimento implícito das questões de marca – conceitos corporativos desagradáveis que nunca mencionam em companhias refinadas, mas que na verdade são sua segunda vocação. Não sobreviveriam por muito tempo se não fossem assim. Afinal de contas, eles atuam no ramo de fornecimento de produtos sem função ou propósito reais para uma clientela abastada; consumidores que valorizam distinções de marca acima de tudo.

Não é coincidência que grandes centros históricos de arte, tais como Veneza, Amsterdã e Nova York, sejam ao mesmo tempo grandes centros globais de negócios. O artista empreendedor é atraído pelo dinheiro assim como o grafiteiro pelo muro. E sempre foi assim.

Peter Paul Rubens (1577-1640) era um bom artista e um brilhante homem de negócios. Enquanto seus assistentes trabalhavam longas horas em seu ateliê-fábrica em Antuérpia, o empreendedor Rubens visitava as esplêndidas mansões aristocráticas e palácios reais da Europa e informava aos seus ricos proprietários que, se quisessem nivelar-se com seus pares, precisavam ter uma das suas pinturas gigantescas, carnosas e barrocas pendura-

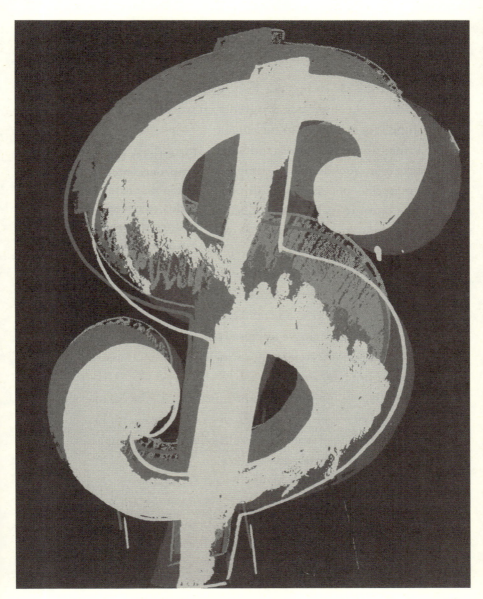

Andy Warhol, *Dollar Sign*, c.1981.

das no Salão Nobre. Rubens estabeleceu a melhor prática na arte de venda porta a porta séculos antes que a moça da Avon tocasse a nossa campainha.

Os artistas são empreendedores. Estão dispostos a correr todos os riscos pela chance de progredir no trabalho que se sentem compelidos a criar. Irão mendigar e tomar dinheiro emprestado para pagar o aluguel do ateliê, comprar os materiais necessários e alimentar-se durante os longos meses de empreitada. Tudo na esperança de vender a obra de arte por um preço que cubra seus custos e deixe sobrar o suficiente (lucro) para reinvestir na próxima peça. Com sorte, talvez essa também seja vendida, quem sabe por um preço um pouco maior. E então, se as coisas continuarem indo bem, será possível alugar um ateliê maior e melhor, contratar assistentes e construir um negócio.

> **Os artistas são empreendedores. Estão dispostos a correr todos os riscos pela chance de progredir em seu trabalho.**

A motivação intelectual e emocional não é o lucro, mas ele é um componente essencial do processo. O lucro compra a liberdade. A liberdade fornece tempo. E o tempo, para um artista, é a mais valiosa das mercadorias.

Mesmo Vincent van Gogh, talvez o exemplo mais célebre do romanceado artista boêmio, era na verdade um empreendedor ativo e atento ao mercado. Ele não era um pobre desamparado, como diz a lenda, mas um empresário iniciante que fez sociedade com o irmão mais novo, Theo, um negociante de arte.

Theo era o homem do dinheiro. Ele investiu pesadamente no irmão mais velho, de modo que o voraz Vincent sempre tinha acesso imediato a telas e tintas caras (assim como a moradia, comida e roupas, quando necessário).

Vincent administrava essa fonte vital de recursos com todo o cuidado e atenção que se poderia esperar de um pequeno empresário ao lidar com seu gerente de banco. Ele enviava a Theo um fluxo constante de cartas informando-o sobre o seu progresso. As cartas com frequência incluíam pedidos por mais recursos, em troca do que o pintor deixava bem claro que aceitava integralmente as suas obrigações comerciais. Em uma dessas cartas, Vincent disse: "É absolutamente meu dever tentar fazer dinheiro com meu trabalho."

Tratava-se de um investimento conjunto em um empreendimento comercial que se poderia chamar "Vincent van Gogh Ltda.", e que, conforme Vincent assegurava ao irmão, iria "recuperar todo o dinheiro que você vem me emprestando por todos esses anos". Ele também admitia a necessidade de ser flexível e complacente no negócio, prometendo em 1883: "Em nenhuma hipótese recusarei uma encomenda séria, seja ela qual for, goste dela ou não, tentarei fazê-la como foi pedido, e mesmo refazê-la se necessário."

> **"É absolutamente meu dever tentar fazer dinheiro com meu trabalho."**
> VINCENT VAN GOGH

Vincent fez a defesa do investimento para o irmão na mais elementar linguagem empresarial: "Veja, a tela que eu cubro vale mais que uma tela em branco." Chegou a escrever a Theo propondo um plano alternativo, caso o negócio com a arte fracassasse: "Querido irmão, se eu não estivesse totalmente exausto e enlouquecido por essa maldita pintura, acho que poderia ser um ótimo negociante."

Isso era um pouco otimista. Vincent já havia feito sua tentativa como negociante de arte, no que se mostrara totalmente incompetente. Mas o raciocínio demonstra sua natureza explicitamente comercial; se a situação se complicasse, ele cogitaria partir para as vendas.

Será que faltou uma linha naquela frase de Warhol sobre o fato de um bom negócio ser a melhor das artes? Não teria ele concluído a sentença com "... e os melhores artistas são bons negociantes", citando os irmãos Van Gogh como um exemplo perfeito? Sabe-se que a sociedade deles não foi um sucesso comercial imediato, mas se nenhum deles tivesse morrido aos trinta e poucos anos, antes que a "Vincent van Gogh Ltda." tivesse de fato decolado, provavelmente teriam desfrutado os resultados da sua criação, que, hoje, é uma das mais famosas e desejáveis marcas do mundo da arte.

Os artistas transformam o nada em "coisas". Fazem isso agindo como qualquer outro empreendedor.

O artista empresário não é algo paradoxal. Um ponto de vista empreendedor é essencial para o sucesso criativo. Como observou Leonardo da Vinci: "Há muito tempo percebi que as pessoas bem-sucedidas raramente ficavam sentadas esperando algo acontecer.

Elas saíam e faziam as coisas acontecerem." É assim que age o artista. Faz acontecer. Transforma o nada em "coisas".

Eles fazem isso agindo como qualquer outro empreendedor. São proativos, independentes e tão ambiciosos que irão procurar, e não evitar, a competição. É por isso que qualquer artista digno do nome foi para Paris no início do século XX. Tudo e todos afluíam para lá: os clientes, as redes, as ideias e o status. Era um ambiente de concorrência feroz, em que a maior parte das coisas funcionava sem uma rede de segurança financeira: uma existência precária num ambiente altamente competitivo, que tinha o efeito de estimular seu impulso criativo.

Para um grupo de pessoas que estão sempre afirmando que não gostam de competições em arte, os artistas certamente passam bastante tempo participando delas. É impossível progredir no mundo da arte sem ter de lidar com prêmios em dinheiro e bienais distribuindo medalhas de ouro. Eles se tornaram uma etapa essencial na trajetória de qualquer aspirante a artista contemporâneo – são oportunidades para estabelecer contatos e construir a marca. É uma fórmula testada e comprovada, da qual um dos beneficiários mais recentes é o artista norte-americano Theaster Gates, que recebeu o prêmio anual da organização Artes Mundi, sediada em Cardiff, no País de Gales, em 2015.

Além dos aplausos e da cobertura da imprensa, Theaster foi presenteado com um cheque de 40 mil libras, que ele prontamente decidiu dividir com os outros finalistas do prêmio. Foi um gesto bastante incomum e generoso. Mas esse artista de 41 anos de idade é bastante incomum e generoso. É uma mistura de escultor, empreendedor e ativista social. É o indivíduo do empreendedorismo mais inspirador que já conheci.

Ele nasceu e cresceu em Chicago, onde ainda vive. Chicago é uma bela cidade, se você mora no centro ou no lado norte. Mas Theaster mora no South Side, o lado sul, que não é tão agradável. O South Side é uma barafunda de casas condenadas, terrenos baldios e grupos de adolescentes vadiando nas esquinas. O desemprego é muito alto, as aspirações muito baixas, e pode ser perigoso. Tiroteios são lugar-comum por lá. A área foi batizada de capital norte-americana do assassinato. Cerca de 99,6% da população que vive no sul é negra, segundo Theaster, que diz: "Se você vir um branco por aqui, ou ele está procurando crack ou é um assistente social, ou um policial disfarçado."

Ele descreve o South Side como "o fundo do poço": um lugar de onde as pessoas partem, em vez de chegar. Ele é a exceção que confirma a regra, tendo se mudado para lá em 2006 porque era barato e ficava a uma pequena distância a pé, cruzando o Hyde Park, da Universidade de Chicago, onde ele trabalhava – e ainda trabalha – na área de programas de artes.

Theaster comprou uma casa térrea na parte sul da avenida Dorchester, no número 6.918, onde antes funcionava uma confeitaria. Converteu um dos seus pequenos aposentos em um estúdio de cerâmica, para que pudesse exercer o hobby de ceramista. Fora levado a essa prática porque lhe agradava a ideia de pegar o mais modesto dos materiais, o barro, e transformá-lo em algo belo e valioso. O que começara como uma modesta atividade paralela acabaria por torná-lo uma figura de destaque no mundo das artes.

Nos fins de semana, ele costumava levar seus potes e jarros para vender nos mercados de rua, mas o atendimento nas barracas começou a frustrá-lo. As pessoas barganhavam o preço de um prato ou de uma xícara, peças de cerâmica às quais ele dedicara todo o esmero e afeição. Ele decidiu que seria melhor dá-las de graça do que ter seu trabalho aviltado na troca.

Theaster deixou de ir aos mercados e, em lugar disso, decidiu experimentar o ar rarefeito do mundo da arte. Afinal de contas, havia uma profusão de ceramistas brancos cujo trabalho vinha sendo mostrado em galerias importantes e colecionado por museus. Ceramistas como Grayson Perry e Elizabeth Fritsch já estavam em alta.

Em 2007, Theaster organizou uma exposição das suas cerâmicas

> **"Na arte, as mãos nunca podem executar algo superior ao que o coração possa imaginar."**
> RALPH WALDO EMERSON

no Hyde Park Art Center de Chicago, à qual acrescentou uma pequena distorção. Ele apresentou o trabalho não como se fosse de sua autoria, mas de um ceramista oriental chamado Shoji Yamaguchi, que – fato então desconhecido de todos – na verdade nunca existiu.

Shoji Yamaguchi era o duplo de Theaster, um personagem ficcional através do qual ele planejou transformar sua cerâmica em arte. Ele forjou o nome combinando duas de suas grandes influências. Shoji Hamada (1894-1978) foi um mestre ceramista japonês e uma figura importante em seu próprio país e no exterior. Yamaguchi é a região do Japão onde Theaster havia passado um ano estudando cerâmica.

Para convencer os visitantes de que os pratos e tigelas mostrados ali eram feitos não por um afro-americano local de meia-idade, mas por um exótico mestre japonês, Theaster concebeu uma elaborada história de fundo para o imaginário senhor Yamaguchi. Contava que o ceramista havia chegado aos Estados Unidos nos anos 1950, atraído pela maravilhosa argila negra do condado de Itawamba, Mississippi, e acabara ficando por lá, tendo se casado com uma mulher negra. Em 1991, o já idoso senhor Yamaguchi levara a esposa ao Japão para que conhecesse o lugar onde nascera. A viagem havia terminado em tragédia, com ambos mortos num acidente de automóvel.

O público gostou da exposição; ficaram admirados com Shoji Yamaguchi. Mas isso não foi nada comparado à força da reação que ocorreu algum tempo depois, quando foi revelada a trapaça. O mundo da arte exultou. Que gaiato era esse Theaster! Que sujeito talentoso! Os potes são ok, mas nossa, que artista! Theaster Gates, o artista conceitual e criador de mitos, estava lançado. Era a oportunidade pela qual ele esperava havia décadas, e, agora que ela tinha chegado, esse ousado filho adotivo do South Side não a deixaria passar.

O que ele realizou desde então, depois de ter alavancado sua posição como artista, é impressionante e inspirador. Ele mobilizou seu profundo conhecimento e paixão pelo ambiente construído local, os valores religiosos dos pais e sua notável capacidade intelectual e artística. A essa mistura potente, somou-se ainda um dom natural para a retórica, instinto de negociante e um fervor de missionário.

Assim, ele se tornou um empreendedor cultural: um artista que está usando sua posição para melhorar o bairro em que vive. Hoje ele é a coisa mais próxima da figura de um Robin Hood que o mundo da arte conhece.

> **Ele se tornou um empreendedor cultural: um artista que está usando sua posição para melhorar o bairro em que vive.**

Na Power 100 de 2014 – a lista da revista *Art Review* com as pessoas mais influentes do universo artístico –, Theaster Gates figura no topo dos cinquenta primeiros, bem no meio de supercuradores, diretores de museus e colecionadores com fortunas impensáveis. Seus trabalhos têm sido comprados por pessoas influentes e mostrados em lugares da moda. E isso é impressionante, considerando que o que ele está vendendo é entulho.

Ao menos é disso que sua obra é feita. Os trabalhos de Theaster são construídos com os materiais mais menosprezados que ele encontra nos edifícios abandonados em seu bairro degradado: tábuas de assoalho quebradas, pilares de concreto corroídos e velhas mangueiras de incêndio. Ele espana, lustra esses materiais e os dispõe em elegantes molduras de madeira com uma estética modernista despojada. E os vende muito caro. Que tal isso como empreendimento?

O que torna sua forma de empreendimento artístico incomum, contudo, é o modo como ele está usando a elevada posição que a arte e os artistas têm em nossa sociedade para tentar produzir uma mudança positiva no South Side. Ele próprio se surpreende com o valor que os colecionadores vêm atribuindo aos seus

Theater Gates, *Dorchester Projects*, 2009.

trabalhos feitos de entulhos e ruínas. Como relatado na revista *New Yorker*, ele disse a uma plateia na Universidade de Massachusetts: "Nunca pude imaginar que as pessoas fossem ficar tão empolgadas com um pedaço de mangueira de incêndio ou o caibro de um telhado a ponto de quererem gastar centenas de milhares de dólares nesses objetos."

Mas o fato é que ficam. E talvez isso aconteça em parte porque elas sabem o que Theaster faz com o dinheiro que recebe. Ou seja, ele o reinveste na reno-

Theaster Gates é hoje a coisa mais próxima da figura de um Robin Hood que o mundo da arte conhece.

vação dos imóveis de onde esses materiais foram retirados. E faz isso com o tipo de amor e carinho que visivelmente estavam faltando nas propriedades onde os encontrou originalmente. O deteriorado se torna belo. Isso fica evidente quando você anda pela avenida South Dorchester. Três casas chamam de imediato a atenção.

Primeiro, há o edifício no número 6.918 da avenida, anteriormente a casa de Theaster e seu ateliê de cerâmica, agora rebatizada de Listening House [Casa da Audição], um pequeno centro cultural abarrotado com o acervo adquirido da loja de discos Dr. Wax, que faliu e fechou as portas em 2010.

Ao lado, está o número 6.916, um imóvel abandonado comprado por Theaster por uma bagatela após a crise de 2008. Ele decorou as fachadas com ripas verticais de madeira e a chamou de Archive House [Casa do Arquivo]. Lotou o imóvel com exemplares antigos da revista *Ebony*, milhares de livros da extinta Prairie Avenue Bookshop e dezenas de milhares de diapositivos de vidro do departamento de história da arte da Universidade de Chicago.

Finalmente, há o número 6.901 da South Dorchester, onde fica a residência de Theaster. Ao menos no último andar do edifício. O térreo funciona como espaço de reuniões e cinema, para onde os moradores do bairro são convidados a assistir filmes e participar de cursos sobre produção de cinema. Esse imóvel também foi renomeado e é conhecido agora como Black Cinema House [Casa do Cinema Negro], um terceiro centro cultural temático. As três casas são conhecidas coletivamente como *Dorchester Projects*, um polo de cultura afro-americana que compartilha entre si um estilo de renovação. Theaster descreve seu método de reconstrução como uma espécie de "clínica de reabilitação de imóveis", em que ele recupera propriedades negligenciadas usando o dinheiro que recebeu pela venda de seus interiores abandonados a ricos colecionadores de arte.

Para ele, o trabalho sem glamour, antiquado e lento que requer a recuperação de um imóvel é a parte mais prazerosa do processo. A relação com o trabalho é profunda em Theaster, nono filho (e único homem) de uma professora e um telhador. Causa-lhe perplexidade a natureza extremamente dilapidadora do mundo digital, sobretudo a depreciação daqueles que trabalham nas artes industriais.

"Nós temos que tornar nosso trabalho mais habilidoso e mais sensível, temos que trazer isso de volta. Temos que trazer a dignidade de volta ao trabalho. Precisamos assumir que o mundo não será inteiramente investido de tecnologia. A habilidade manual criará novas áreas de oportunidade. Porque o pessoal da tecnologia não sabe mais como trocar o encanamento – é sério. Não acho que haja um problema de dignidade em ser encanador. Quando observo esses caras soldando canos, percebo que são muito mais sofisticados do que eu – manter a água fora dos lugares indesejados é um grande feito. Tem a ver com a utilidade de um homem. Vi homens e mulheres perderem seus empregos durante crises econômicas e vi o colapso de homens que não puderam mais sustentar suas famílias. Não importa se são racionais, bem-formados, negros ou brancos, eles perdem a razão, porque aquilo que lhes dava dignidade lhes foi tirado."

É esse o espectro que impulsiona Theaster Gates, tanto em relação a sua própria vida e carreira quanto a de quem vive em seu bairro. Seu trabalho lida com a representação dos desamparados, proporcionando um catalisador econômico e social para a comunidade. Ele faz com que seu conhecimento qualificado sobre planejamento urbano atue às margens da burocracia para alterar a política, estimulando áreas degradadas por meio da mudança das percepções públicas sobre uma casa ou um quarteirão.

Theaster encarna o mantra de Warhol, de que um bom negócio é a melhor das artes. Fazer negócios é a sua arte, e vice-versa. Para ele, "o poder de um artista não está na capacidade de transformar um momento em dinheiro, o verdadeiro poder que os artistas têm é a capacidade de mudar o mundo. Há todas essas pessoas no mundo praticando atos horríveis de destruição – nivelando cumes de montanhas, criando guerras –, é preciso haver alguém que combata os atos de destruição com atos de criação". Sabemos que o mundo da arte é um negócio, mas é raro que um artista o admita e vá além, especulando abertamente sobre o assunto. A arte de Theaster Gates é política, poderosa, inflexivelmente crítica e despudoradamente baseada na alavancagem de seu status como artista. Ele transformou o comércio do mundo da arte em uma obra de arte – mais ousado do que isso em termos empresariais, impossível.

> **"É preciso haver alguém que combata os atos de destruição com atos de criação."**
> THEASTER GATES

Ele hoje é proprietário de algumas ruas, alguns imóveis extravagantes e um enorme ateliê que produz mobiliário e acessórios para cada edifício que ele renova. Ele está interessado na "poética dos materiais", no modo como velhos materiais "merecem" uma nova vida, porque "representam outras histórias, outras pessoas".

Será que ele é hoje um promotor imobiliário atuando como artista ou um artista atuando como promotor imobiliário? Não importa, na verdade. Se ele ficar rico por meio da requalificação do seu bairro, por personificar todo um esquema de regeneração urbana – então boa sorte para ele. O que importa é o tanto que conseguiu conquistar em nome da arte. Ele está apresentando um modelo econômico novo e radical simplesmente pelo fato de pensar como um artista.

2. Os artistas não fracassam

Este capítulo não fala sobre o fracasso num sentido heroico, ou toma um caminho fetichizante como o que é promovido pelo discurso motivacional da brigada do "Fracasse melhor" (uma expressão equivocadamente isolada de um texto desesperançado de Samuel Beckett). E, categoricamente, não defende que fracassar seja bom.

Não, ele trata daquilo que realmente acontece com todos nós, e que preferíamos que não tivesse acontecido: a experiência embaraçosa, debilitante e profundamente desagradável de sentir que fracassamos. É sobre os dias, semanas e anos após seu projeto ruir vergonhosamente à sua frente, deixando apenas um amontoado de ideias e experiências confusas para filtrar em busca de qualquer fragmento que valha a pena salvar. É sobre a noção de fracasso no contexto da criatividade.

O SUCESSO É COM FREQUÊNCIA ALCANÇADO COM UM PLANO B.

FRACASSAR NÃO É o mesmo que cometer um erro, embora um erro possa levar ao que à primeira vista pode parecer um fracasso. Não se trata necessariamente de estar errado. Nós aprendemos com nossos erros e cometendo erros, mas não estou certo de que aprendamos quando sentimos ter fracassado. Isso porque nem sempre é óbvio para nós quando exatamente falhamos, ou qual foi nossa responsabilidade por isso. A palavra parece tão categórica e absoluta, e ainda assim é supreendentemente maleável.

> Fracassar não é o mesmo que cometer um erro, embora um erro possa levar ao que à primeira vista pode parecer um fracasso.

O fracasso é subjetivo, marginal e volátil. Monet, Manet e Cézanne tiveram suas pinturas rejeitadas pelo todo-poderoso Salão oficial de Paris. Foram todos considerados um fracasso. Mas em poucos anos receberam aclamação como pioneiros e visionários, cujas pinturas viriam a ser consideradas algumas das obras de arte mais importantes produzidas no período moderno. Olhando em retrospecto, quem foi que fracassou? Parece ter sido o Salão, não os artistas. O mesmo vale para os exames. O poeta John Betjeman estudou na Universidade de Oxford, onde teve aulas com o escritor C.S. Lewis, mas não conseguiu se graduar. Como sabemos, ele depois escreveu alguns dos poemas mais perenes do século XX. Ele fracassou em Oxford ou foi o contrário? Ou ambos tiveram a mesma parcela de culpa? Ou nenhum deles?

Estamos lidando aqui com um conceito ambíguo e transitório. Mas saber disso não é de grande ajuda se sua empresa faliu recentemente, ou seu suflê não cresceu, ou seu primeiro romance foi rejeitado pela centésima vez. É aí que a sensação de fracasso dói. Nesse momento, ele não parece momentâneo, ou mutável. Você sente que o fracasso é inflexível, vergonhoso e não oferece espaço para conciliações. É permanente. E a verdade é que pode não haver um caminho de volta para a empresa ou o suflê ou o livro, mas há para você, e o assim chamado fracasso é em parte a razão disso.

Quando se trata de criatividade, o fracasso é inevitável. Faz parte do próprio tecido do fazer. Todos os artistas, seja qual for a linguagem com que trabalham, buscam a perfeição – e por que não? Mas eles sabem que a perfeição é inatingível. Portanto, têm que aceitar que tudo que produzem está fadado ao fracasso em algum grau. Como dizia Platão, é um jogo de cartas marcadas. Se você pensar nisso, o conceito de fracasso vai significar muito pouco.

Quando se trata de criatividade, o fracasso é inevitável e incontornável.

A conclusão lógica deve ser a de que o fracasso não existe. Mas existe uma coisa chamada sensação de fracasso, que é uma parte inevitável de qualquer processo criativo. Não é nada agradável, mas infelizmente é um componente essencial. É por isso que muitos de nós ficamos travados. Não é sempre que percebemos que vivenciar uma grande decepção criativa é normal e algo necessário, e não um claro sinal de que devemos desistir. Há uma tentação de acreditar que esse é o momento em que falhamos, em vez de enxergá-lo apenas como uma das partes menos prazerosas do processo criativo. Os artistas em geral não pensam assim.

Por acaso Monet, Manet ou Cézanne largaram os pincéis e se tornaram contadores quando foram publicamente rejeitados? John Betjeman parou de escrever e abraçou a medicina quando foi humilhado? Não. Eles insistiram. Não porque fossem arrogantes ou insensíveis, mas porque estavam totalmente comprometidos com seu ofício. Não podiam evitá-lo. Mesmo se estivessem longe de ser competentes no início.

Thomas Edison sabia tudo sobre a ideia de persistir em seu intento. Será que o inventor norte-americano da lâmpada elétrica teve sucesso na primeira tentativa? Não. Tampouco na segunda, na terceira ou mesmo na milésima tentativa. Na verdade, ele precisou de dez vezes mais experimentos para obter um produto comercialmente viável. "Eu não falhei 10 mil vezes", disse ele. "Não falhei nenhuma vez. Consegui provar que essas 10 mil opções não funcionam. Quando eliminar todas as opções que não funcionam, encontrarei uma que funcionará."

Se você não for bem-sucedido no início, não tente exatamente a mesma coisa de novo. Você não vai ter sucesso, mais uma vez. Em vez disso, pense um pouco, avalie, corrija, modifique e então tente novamente. A criatividade é um processo reiterado.

Se você não for bem-sucedido no início, não tente exatamente a mesma coisa de novo.

Um escultor talha uma pedra até que finalmente uma forma é revelada. Será que o golpe certo do cinzel, que conclui o trabalho, é o único? Todos os milhares de incisões anteriores são falhos? Claro que não! Cada incisão leva à próxima.

Criar algo valioso leva tempo; não há pressa. Há tempo suficiente para mudanças de direção erradas, para se perder; para sentir-se incompetente boa parte do tempo. Mas é crucial continuar trabalhando. Os artistas parecem sempre glamorosos e abençoadamente desapegados, mas na verdade trabalham de maneira incansável: são como os cães, que permanecem roendo o osso quando a maioria de nós já desistiu e foi para casa.

E enquanto estão nesse estado, se inquietando, frequentemente descobrem uma verdade escondida sobre o processo criativo. Se você observar as carreiras de indivíduos brilhantes e inovadores – sejam empresários, cientistas ou artistas –, é provável que encontre um traço surpreendentemente comum entre eles. O sucesso é com frequência alcançado com um plano B. Ou seja, aquilo que eles se propuseram a fazer no início transformou-se ao longo do caminho em algo totalmente diferente. Shakespeare foi um ator que se tornou dramaturgo. Os Rolling Stones eram uma banda cover de *rhythm and blues* até que Mick Jagger e Keith Richards começaram a compor suas próprias canções. Leonardo da Vinci divulgava seu ofício como projetista de armamentos, e assim por diante. A lista de planos B é longa e ilustre. Além de instrutiva.

Bridget Riley talvez seja a artista mais convicta que já encontrei. Ela conhece sua mente e métodos e produz trabalhos excelentes e coerentes, segundo seu estilo próprio, que é produzir elegantes pinturas abstratas que exploram a relação entre cor, forma e luz. Nos anos 1960, ela foi uma das pioneiras do movimento da op art, e desde então desenvolveu sua prática em linhas similares, mas com um leque cromático mais amplo. A natureza controlada e serena de seus trabalhos sugere uma vida artística que consistiu em uma progressão longa, feliz, autodeterminada, da escola de arte para o estrelato internacional. Mas não é o caso. Ela experimentou períodos turbulentos.

Talento nunca foi um problema. A pintura *Man with a Red Turban (After van Eyck)* [Homem com turbante vermelho (depois de Van Eyck)] (1946) (ver caderno de imagens), uma variação de *Homem com turbante* (1433), de Jan van Eyck, que ela produziu quando adolescente, é prova suficiente de sua habilidade como pintora. Ela entrou para a escola de arte e se tornou uma grande admiradora dos impressionistas, desenvolvendo uma preferência particular pelos artistas para quem a cor era tanto o tema quanto a própria matéria-prima da pintura – sendo Van Gogh o exemplo mais evidente.

Isso levou ao interesse pela teoria da cor e pelas pinturas pontilhistas de Georges Seurat. E então ela descobriu Cézanne, com seu princípio de que uma imagem deveria ter um projeto global, em que todos os elementos individuais deveriam se encaixar e relacionar-se uns com os outros. Os anos se passaram e ela continuou a pintar, mas não estava dando certo. Ela não conseguia encontrar uma direção, uma voz artística própria. Estava confusa e começando a ficar deprimida.

Em 1960, Riley estava perto de completar trinta anos e já não era aquela jovem e talentosa estudante com a perspectiva de um futuro brilhante, mas uma artista madura e desnorteada. Nesse período, pintou *Pink Landscape* (1960) (ver caderno de imagens), um exercício que explorava as ideias de Seurat sobre cor, tema e modos de olhar. Era uma pintura perfeitamente boa, mas não muito original. Nada do que chamaríamos de "uma Bridget Riley". Esse foi o momento em que tudo quase desmoronou. Nada estava funcionando, em sua arte ou vida pessoal. Ela deve ter se sentido fracassada. E certamente considerou desistir.

Mas não desistiu. Continuou a trabalhar aplicadamente em seu problema artístico. Era o momento, contudo, para um recomeço. Ela tinha passado toda a década anterior imersa em cores vivas, mas agora seu espírito estava sombrio. Era o momento para o plano B.

Como reação ao término de um relacionamento intenso, ela cobriu uma tela inteira com tinta preta. Sua intenção era mandar uma mensagem para "uma pessoa em particular sobre a natureza das coisas ... de que havia absolutos, que não se podia fingir que preto era branco". Na sequência, ela sentiu que sua tela recoberta de negro não significava absolutamente nada. Mas e se ela introduzisse ali algumas das ideias que vinha perseguindo na última década? Será que elementos de todas aquelas tentativas "fracassadas" podiam agora ser úteis no seu trabalho?

> **"Em arte, ou você é um plagiador ou um revolucionário."**
> **PAUL GAUGUIN**

Havia a insistência de Cézanne sobre a coerência do projeto, as teorias de separação de cor de Seurat e os contrastes severos de Van Gogh. Bridget Riley sabia como obter todos eles, mas nunca tinha tentado isso em termos puramente abstratos. Fez uma nova tentativa com a ideia da tela coberta de tinta preta. Mas dessa vez a modificou, introduzindo uma faixa horizontal branca cruzando a tela a dois terços do topo. O limite inferior da faixa permaneceu reto como uma régua, mas ela acrescentou uma onda assimétrica no limite superior, que crescia gradualmente a caminho das bordas laterais da pintura. O efeito foi criar três formas separadas, contrastantes, unidas pelo equilíbrio da composição. Essa foi a maneira muito simples, mas efetiva, de expressar a natureza desigual e dinâmica das relações – espaciais, formais e humanas: uma interação tensa que ela refletiu no título da pintura, *Kiss* (1961) (ver caderno de imagens).

Os esforços anteriores eram, na verdade, etapas importantes e não tentativas fracassadas.

Bridget Riley tinha encontrado seu caminho, e pelos seis anos seguintes centrou suas energias criativas em imagens abstratas em preto e branco. Como ocorreu com Edison no século XIX, ela pôde então aceitar todos os seus esforços anteriores pelo que realmente eram: etapas importantes e não tentativas fracassadas.

Para aqueles que se propõem uma meta criativa, a vida deveria ser tratada como um laboratório. Tudo o que se faz alimenta tudo o que se faz. O truque é ser capaz de distinguir entre os elementos que se deve manter de um trabalho ou experiência anteriores e os que devem ser descartados. Bridget Riley teve que abandonar a coisa que ela achava mais importante e atraente na pintura – a cor – para que pudesse realmente progredir. Não estou dizendo que a cor nunca mais voltará a aparecer no trabalho dela, mas que naquele momento preciso de sua vida a cor era o obstáculo.

Contudo, há mais que isso na sua ruptura inovadora. Ou menos, eu diria. Como acontece com frequência nos assuntos criativos, a simplificação era a resposta. Foi somente quando Bridget Riley retornou ao mais básico dos básicos – uma tela coberta de preto – que conseguiu encontrar a clareza necessária para progredir. Só então ela descobriu a coisa mais preciosa e libertadora: sua própria voz artística.

Como acontece com frequência nos assuntos criativos, a simplificação era a resposta.

Encontrar um modo de expressar sua resposta pessoal ao mundo a sua volta com uma técnica e um estilo distintos é um processo que não costuma ser rápido ou fácil. Mas, uma vez descoberto, fornece uma plataforma sobre a qual uma obra inteira pode ser construída, como provou o artista abstrato holandês Piet Mondrian.

A maioria de nós é capaz de reconhecer uma de suas famosas pinturas reticuladas a dez metros de distância. Lá estão as inconfundíveis linhas pretas, horizontais e verticais, formando os quadrados e retângulos que o holandês preenchia com seus espessos blocos de tinta azul, vermelha ou amarela. Ele passou trinta anos de sua vida produzindo telas que eram variações desse tema despojado e geométrico. A voz pictórica de Mondrian era clara e inequivocamente distinta. Mas ela era o seu plano B.

Assim como Bridget Riley, Piet Mondrian estava sem rumo e perto de completar trinta anos quando encontrou seu caminho. Antes disso, ele vinha produzindo boas – mas melancólicas – paisagens e imagens de velhas árvores retorcidas, que muito poucas pessoas reconheceriam como obra do mestre moderno holandês.

Roy Lichtenstein, *Washington Crossing the Delaware I*, c.1951.

E quem conseguiria adivinhar o nome do pintor americano de *Washington Crossing the Delaware I* (c.1951)? A obra foi feita por um artista que viria a produzir algumas das imagens mais icônicas e reconhecíveis do século XX, nenhuma das quais se assemelha de modo algum a essa tela pós-cubista, quase surrealista, inspirada em Miró.

O artista em questão é Roy Lichtenstein, o pintor pop americano que só foi descobrir sua força escondida uma década mais tarde, quando pintou *Look Mickey* (1961), a primeira das imagens de histórias em quadrinhos que se tornariam a sua marca registrada. Mas como foi isso? Como ele conseguiu encontrar uma voz artística tão clara e distinta depois de procurá-la por tanto tempo? De onde surgiu o seu plano B? Foi por acaso?

Em certa medida, sim. E o mesmo se aplica a Piet Mondrian, Bridget Riley e à parceria musical de Jagger e Richards. Em todos os casos, o catalisador foi uma ação externa. Com Jagger e Richards, foi o fato de seu empresário ter dito a eles que o único modo de ganhar dinheiro e ter controle criativo era escrevendo suas próprias canções. Para Bridget Riley, veio do rompimento de uma relação amorosa; para Mondrian, de uma visita ao ateliê de Pablo Picasso, em 1912. No caso de Roy Lichtenstein, diz-se que o gatilho foi um desafio proposto a ele pelo filho, para descobrir qual deles poderia pintar o melhor Mickey Mouse.

Não imagino que nenhum dos dois tenha pensado que esses eventos levariam a resultados tão significativos. Mas estavam atentos à possibilidade. E isso é realmente importante. Vocês conhecem aquele velho truísmo do esporte, "para ganhar, é preciso participar do jogo"? Bem, o mesmo se aplica à criatividade. Desde que você persista no que está fazendo, refazendo constantemente o ciclo de experimentação, avaliação e correção, o mais provável é que chegará o momento em que tudo irá se encaixar e fazer sentido.

Muitos de nós desistem rapidamente diante de um obstáculo, ou pior, ficam assustados demais para encarar um novo desafio. Tudo parece arriscado demais e as chances de sucesso, pequenas. Mas deveríamos lembrar que não há chances se não tentarmos.

Um artista lida com essas situações – devagar e cautelosamente – aprendendo novas habilidades e ganhando discernimento, de modo que, quando chega o momento de mergulhar em algo novo, esse é um risco informado, diferente de saltar de um avião sem paraquedas.

Começar pode ser difícil. Podemos sentir que não temos permissão para testar nossos talentos, seja no design ou na criação de uma peça de teatro. De algum modo nos sentimos indignos. Nessas circunstâncias, certamente estamos flertando com o fracasso. Um fracasso do espírito.

Desistir antes de sequer começar, usar a baixa autoestima ou a falta de qualificações como desculpa é, francamente, covardia. Como seres humanos, todos nascemos não apenas com a capacidade de sermos criativos, mas também com a necessidade. Temos que nos expressar. As únicas decisões a tomar são o que queremos dizer e por qual meio. Será construindo uma empresa, inventando um produto, desenhando um site da internet, desenvolvendo uma vacina ou pintando um quadro?

Nascemos não apenas com a capacidade de sermos criativos, mas também com a necessidade. Temos que nos expressar.

Essa decisão costuma ser intuitiva. Selecionamos a atividade que mais nos atrai e inspira: comércio ou panificação, design ou poesia. Depois disso, é uma questão de trabalhar persistentemente: aprender, experimentar e estar pronto para quando aquele disparador imprevisível surgir, precipitando a gloriosa descoberta da sua própria voz artística original. E "encontrar" é a palavra em questão. Trata-se de algo que todos temos, mas que precisa ainda ser descoberto e desobstruído.

Roy Lichtenstein não nasceu artista pop. Na verdade, não nasceu artista em absoluto. Ele tinha um interesse pelo assunto, teve algumas aulas e levou a coisa em frente. Ninguém lhe deu permissão. Você pode se formar na faculdade de artes, mas isso não faz de você um artista. Não é como se tornar médico ou advogado – não há habilitações desse gênero. Vincent van Gogh era basicamente autodidata, assim como muitos outros artistas. Isso o desqualifica? Dificilmente. Quem teria coragem de se colocar em frente a todas aquelas pessoas reunidas em torno de uma de suas impagáveis pinturas no Museu Van Gogh, em Amsterdã, e dizer ao grupo que ele não era de fato um artista porque não tinha o diploma ou registro profissional para exercer o ofício?

A única decisão a tomar é o que queremos dizer.

Se você se define como artista e produz arte, então é um artista. O mesmo se aplica a um escritor, ator, músico ou cineasta. É claro que há habilidades a serem desenvolvidas e conhecimento a ser adquirido, mas tudo isso é parte do processo. Não há exigência de colação de grau ou licença profissional. A única pessoa a quem você deve perdir permissão é você mesmo. E, claro, isso requer certa autoconfiança ou audácia, o que pode ser desconfortável. Mas, no fundo, todo mundo se acha um pouco uma fraude, você simplesmente tem que superar isso. Inspire-se num dos livros de David Ogilvy, o "pai da publicidade".

O lendário executivo britânico foi um dos Mad Men originais. Fundou sua agência de publicidade na Madison Avenue em 1949, quando tinha apenas 38 anos. Apresentou-se ao mundo como um gênio criativo e o mundo acreditou nele. Mas o que ele possuía para sustentar suas afirmações? Algumas décadas de propagandas premiadas? Uma carteira de clientes de causar inveja entre os concorrentes? Talento comprovado para escrever anúncios? Nada disso.

"Grandes ideias vêm do inconsciente. Mas seu inconsciente deve estar bem informado, senão sua ideia será irrelevante."
DAVID OGILVY

Na verdade, quando abriu sua agência David Ogilvy estava desempregado. Não tinha clientes nem credenciais, e absolutamente nenhuma experiência em produzir anúncios publicitários. Tinha 6 mil dólares em economias, mas isso era nada para competir com as grandes agências estabelecidas em Nova York. Contudo, em pouco tempo a agência de Ogilvy tornou-se a sensação da cidade. Sua carteira de clientes parecia um catálogo das empresas mais cotadas no mercado mundial: Rolls-Royce, Guinness, Schweppes, American Express, IBM, Shell e a fabricante de sopas Campbell's. Aos quais foram acrescentados os governos dos Estados Unidos, da Grã-Bretanha, de Porto Rico e da França.

Como ele conseguiu tudo isso? Seu impulso inicial, segundo conta em sua autobiografia, surgiu da lembrança de "como meu pai havia fracassado como fazendeiro e se tornara um empresário bem-sucedido". Ogilvy Jr. achou que deveria tentar uma mudança de carreira semelhante. O que se seguiu foi um plano B que demandou uma mudança ainda maior e mais radical que aquelas empreendidas por Riley, Mondrian e Lichtenstein.

Assim como Betjeman, David Ogilvy abandonou a Universidade de Oxford antes de se formar. Diferentemente de Betjeman, mas assim como George Orwell, foi trabalhar na cozinha de um grande hotel parisiense. Voltou em seguida para a Inglaterra e trabalhou por um período vendendo fogões Aga de porta em porta, e depois disso partiu novamente, dessa vez para os Estados Unidos, onde conseguiu um emprego miseravelmente pago, mas enriquecedor como experiência, com o famoso dr. George Gallup, perito em pesquisas de mercado. Durante a Segunda Guerra, foi trabalhar no Serviço de Inteligência Britânico, sediado na embaixada britânica em Washington. Depois disso, seguiu-se o trabalho como agricultor no condado de Lancaster, Pensilvânia, onde David Ogilvy, sua esposa e filho moraram numa comunidade amish, tomando conta de uma pequena chácara.

De todas essas experiências, foram os períodos que passou na cozinha francesa, com George Gallup e entre os Amish que mais contribuíram para moldar seu caráter. Das tarefas fatigantes na cozinha do hotel ele "adquiriu o hábito do trabalho pesado". Gallup mostrou a ele as percepções valiosas que a pesquisa profissionalmente aplicada podia fornecer. Já os amish ensinaram-lhe a empatia.

Armado com tudo isso e uma propensão à rapidez, ele conquistou Manhattan. E Londres. E Paris. E não de maneira improvisada. Bem, não totalmente. Ele era um apaixonado pela

"SE NÃO VENDE, NÃO É CRIATIVO."

David Ogilvy

publicidade, dedicava-se a ela seriamente. Tinha aprendido a arte da comunicação eficaz com as vendas dos fogões Aga e o valor da precisão da linguagem com as mensagens codificadas que enviava durante a Segunda Guerra. Sabia que o trabalho árduo era o herói não celebrado de qualquer processo criativo. Seu passado tornou seu futuro possível: não havia fracassos, apenas etapas essenciais.

A voz singular que ele desenvolveu para seu trabalho foi moldada nessas duas décadas de supostos fracassos, quando viveu saltando de emprego em emprego e de carreira em carreira. Ele não era um homem de poucas palavras. Como ex-vendedor e pesquisador de mercado, achou que a propaganda seria mais bem usada como meio de oferecer informações atraentes. Observe a sua clássica campanha de imprensa feita para a Rolls-Royce em 1950. Sim, há uma imagem e um título de anúncio atraente. Mas o coração da peça, o elemento que criou sua reputação e construiu uma empresa global avaliada em centenas de milhões de dólares, é seu fabuloso, conciso e elegante ensaio explicando as qualidades do produto.

Ele não teria conseguido fazer isso com 28 anos. O tom de voz com o qual alcançou esse enorme sucesso foi o de um homem de alto prestígio, com a compostura da idade e da experiência. Ele estava vendendo produtos para si próprio. Embora não percebesse isso naqueles anos de errância, sempre fora um homem da publicidade. Seu treinamento não convencional para o trabalho foi mais útil e lhe deu melhor preparação do que qualquer faculdade ou qualificação técnica. Sua vida profissional incluiu experiências como consumidor, provedor de serviços, produtor de bens e vendedor. Ele tinha feito de tudo.

E, quando surgiu a sua oportunidade, teve confiança suficiente para se sustentar. Não recuou, como muitos de nós fariam depois de anos de inconstância e perambulação. Não se sentiu diminuído por se achar muito velho ou inexperiente. Não teve medo de fracassar. Foi ousado e astuto. Avaliou que suas experiências, embora não convencionais, poderiam servir para o mundo da publicidade. Essa foi a sua Grande Ideia, que exprimiu no campo da publicidade, mas que poderia igualmente ser aplicada a qualquer empreendimento criativo.

Sim, os artistas fracassam. Todos nós fracassamos. Mas apenas no sentido mais superficial, de que nem tudo que tentamos fazer resulta do modo como esperávamos. Mas essas situações não constituem verdadeiros fracassos, já que por meio da persistência e da dedicação alcançaremos um ponto de clareza que somente se tornará acessível devido a todos aqueles supostos "fracassos". Assim encontraremos nossa voz, nosso plano B, nossa Grande Ideia.

Uma lição bem mais importante a aprender com os artistas não é que eles fracassam, mas que eles triunfam. Os Artistas Produzem. Os Artistas Fazem.

3. Os artistas são curiosos de verdade

Se a necessidade é a mãe da invenção, a curiosidade é o pai. Afinal de contas, você não pode produzir algo interessante se não estiver interessado em algo. Todo produto precisa de um insumo.

No entanto, a curiosidade também precisa de uma motivação, um gatilho para estimular a mente. Nosso lado intelectual não existe de maneira isolada; é parte de nosso sistema cognitivo – a outra parte é emocional. Somente quando as duas partes trabalham em conjunto é que as grandes proezas da criatividade têm chance de serem realizadas. E isso só pode acontecer de fato quando estamos apaixonadamente interessados em alguma coisa.

VOCÊ NÃO PODE PRODUZIR ALGO INTERESSANTE SE NÃO ESTIVER INTERESSADO EM ALGO.

NÃO IMPORTA QUE seja botânica ou percussão, desde que o cérebro esteja concentrado em algo que o faça acionar seus poderes. Nunca conheci um artista que não fosse um entusiasmado estudante de arte, ou que não gostasse de visitar exposições, conhecer o trabalho de seus colegas, ou não lesse prodigiosamente sobre o assunto.

A paixão – ou o entusiasmo, se preferir – é o estímulo que nos faz querer saber mais. Ela fornece o impulso para a indagação atenta que gera o conhecimento, que por sua vez incita nossa imaginação a produzir ideias. Estas levam a experimentos que eventualmente resultam na concretização de um conceito. Esse é o percurso da criatividade.

Em geral é uma estrada difícil, cheia de obstáculos e frustrações, mas com a vantagem de estar aberta a todos nós. Podemos escolher iniciar essa jornada em qualquer estágio de nossas vidas, mesmo se estivermos partindo da posição menos promissora.

Pense nas incontáveis histórias de crianças desobedientes ou desestimuladas na escola, que caminhavam para uma existência medíocre e desordenada, quando subitamente suas vidas ganharam propósito e significado depois que entraram para uma banda, ou começaram a atuar, ou a aprender marcenaria. Em poucos meses, elas se tornam especialistas nessas áreas, atingindo níveis de excelência antes considerados fora de alcance. Começam a criar tendências em vez de confusões e a ir de lugar nenhum para algum lugar muito rapidamente, por terem encontrado um interesse que ativou sua imaginação.

A lista de pessoas criativas famosas que vagavam sem objetivo até encontrarem um foco para seus talentos é tão longa quanto animadora: John Lennon, Oprah Winfrey, Steve Jobs e Walt Disney vêm à mente de imediato. E para cada um desses exemplos célebres há um milhão de indivíduos menos conhecidos que descobriram um interesse que se tornou uma preocupação, que por sua vez os incentivou a produzir criações notáveis.

A paixão incita a imaginação a produzir ideias.

Em todos os exemplos, ocorreu um profundo envolvimento pessoal com um campo de atividade específico que levou a algo próximo de uma epifania. Nesse aspecto, todo artista é curioso de verdade. Mas jamais encontrei um tão curioso quanto a artista performática sérvia Marina Abramović, que desde o início mostrou a que vinha.

No verão de 1964, Marina tinha dezoito anos e vivia na Iugoslávia de Tito. Numa tarde ensolarada, ela saiu para um passeio no parque. Assim que encontrou um lugar adequado, tirou os sapatos, deitou-se na grama e olhou para o céu azul. Alguns momentos depois, uma esquadrilha de caças de combate cruzou o céu, deixando como rastro espessas linhas de fumaça colorida. Ela ficou fascinada.

No dia seguinte, Marina foi até a base aérea militar e implorou ao estado-maior que enviasse outro grupo de caças ao céu para "pintar com fumaça imagens que irão desaparecer diante dos meus olhos". Os oficiais recusaram e pediram a ela que se retirasse, dizendo-lhe que era uma garota boba com ideias bobas. Mas eles estavam errados. Ela era uma garota curiosa com ideias sérias.

Marina não estava pedindo um momento dourado para ser revivido; era uma aspirante a artista incumbida de uma obra conceitual. A princípio, ela deve ter sido vista como uma moça charmosa, mas excêntrica e desocupada, quando na verdade era, e ainda é, uma artista sóbria, cerebral e dedicada, interessada em novas descobertas, acontecimentos mundiais, história antiga e muitas outras coisas. Sua mente inquisitiva e sua disposição para tratar todas as experiências como fontes potenciais de inspiração dão a ela a matéria-prima intelectual para criar. O mesmo se aplica a todos os artistas. A curiosidade é a ferramenta imaterial que dá forma ao seu trabalho, assim como qualquer pincel ou buril.

No entanto, a lição sobre criatividade que podemos aprender com Marina está na força e na autoridade inatas que sua sinceridade confere a seus trabalhos. Durante toda a carreira ela foi questionada, satirizada e rejeitada, como tipicamente faziam os homens de Tito nos anos 1960. O fato de que tenha triunfado, e seja hoje amplamente aceita como uma das artistas mais importantes e influentes de sua geração – responsável por inserir a arte da performance entre as correntes dominantes do seu tempo, assim como Picasso levou a arte moderna às massas em sua época –, deve-se ao rigor com que ela conduz seu trabalho. A integridade, como ela demonstrou, é invencível.

As ideias nascidas da ignorância, ou displicentemente gestadas, costumam ser fracas e na maior parte das vezes inúteis. Mas aquelas concebidas com base no conhecimento legítimo, inspiradas por paixão genuína, provavelmente irão adquirir plausibilidade e consistência. É simples, na verdade: nossa imaginação elabora conceitos concretos quando se programa para fazer isso.

Marina teria abandonado o mundo da arte há muito tempo se não tivesse sido absolutamente honesta em sua obra. Afinal, ela demanda mais de nós que a maioria dos artistas. Ela nos pede uma grande dose de confiança e a disposição para acreditar que o que estamos vendo e vivenciando em suas performances é mais que uma peça de teatro. Devemos crer que não somos apenas observadores, mas parte de uma obra de arte viva e pulsante.

As ideias nascidas da ignorância, ou displicentemente gestadas, costumam ser fracas e na maior parte das vezes inúteis.

Cativar um público cético e persuadi-lo a submeter-se a sua vontade exige habilidade e experiência, para não mencionar coragem e autoconfiança. Tudo isso são requisitos essenciais para qualquer empreendimento criativo. Mas para dominá-los é preciso tempo e geralmente o apoio de um colaborador, como comprovará Marina, que durante todos os seus anos de formação trabalhou com um artista performático alemão chamado Ulay.

Eles se conheceram em 1975, depois de se apresentarem num programa da televisão holandesa. Ulay tinha uma aparência um tanto estranha. Um dos lados de seu rosto era muito masculino: cabelos raspados, barba preta e sobrancelhas espessas. O outro lado era andrógino: barba totalmente raspada, com cabelos negros caindo sobre os ombros. Ele era meio homem, meio mulher, e o tipo certo para Marina.

Eles passaram os anos seguintes como nômades, morando numa van, tomando banho em postos de gasolina e apresentando seus rituais artísticos peculiares em festivais alternativos e outros pequenos estabelecimentos que encontravam pelo caminho. Para Marina, esse foi um período extremamente fértil e criativo. Ela se sentia encorajada e energizada por ter um aliado que compartilhava as mesmas motivações.

A colaboração pode levar a descobertas inesperadas, de outro modo inalcançáveis.

Como Albert Einstein descobriu com seu interlocutor Niels Bohr, e John Lennon vivenciou com Paul McCartney, um colaborador criativo pode oferecer um potente estímulo intelectual, levando a descobertas inesperadas que, de outro modo, seriam inalcançáveis. Esse foi o caso de Marina e Ulay.

A obra que eles criaram nesse período se tornou parte da história da arte. Ela surgiu de uma jornada intensa, compartilhada, às fronteiras da arte e da resistência humana, que os levou a testar os limites de seu próprio relacionamento e do sofrimento pessoal. Essa era Marina em seu momento de maior curiosidade.

Para *Breathing In/Breathing Out* (1977), os dois artistas ajoelharam-se frente a frente, com as bocas abertas e coladas uma na outra, tendo antes bloqueado as narinas com papel de cigarro. Começaram então a inspirar e expirar o ar de dentro e para dentro um do outro, de maneira ritmada. Depois de um tempo, começaram a se sentir sufocados pela falta de oxigênio e a inalação de gás carbônico. Começaram então a balançar-se descontroladamente até não mais aguentar, e tombaram para trás ofegantes, em busca de ar.

Marina Abramović, Ulay, *Breathing In/Breathing Out*, 1977.

Em 1980 eles criaram outro trabalho física e emocionalmente extremo chamado *Rest Energy*, em que mais uma vez se posicionavam um de frente para o outro. Mas dessa vez havia um arco e flecha entre os dois. A flecha apontava diretamente para o coração de Marina, enquanto ela segurava o arco e Ulay puxava a corda para si. Os dois se inclinavam para trás, contrabalançando seus pesos ao usar a tensão criada pelo arco assim acionado, pronto para disparar.

Se um deles caísse, escorregasse ou perdesse a concentração, Marina seria morta. Para aumentar a tensão emocional, eles colocaram microfones sobre seus corações, cujo som lhes era retransmitido por um fone de ouvido.

Fora do contexto, a obra poderia parecer uma melodramática peça de teatro, mas, afinal, isso é parte da ilusão da arte: nada é exatamente o que parece. A história julgou que essas obras eram significativas; não se tratava de ideias triviais concebidas apressadamente por Marina e Ulay apenas por diversão, mas de sérias investigações sobre a fragilidade da vida, a inevitabilidade da morte e os limites da verdade e do sofrimento humanos. Elas continuam a repercutir hoje, no mundo da arte e além dele, e isto se deve ao modo como foram concebidas – com seriedade e integridade.

Cada um desses trabalhos exigiu que Marina e Ulay se dedicassem a meticulosas pesquisas para entender exatamente como o corpo funciona, e conhecer a fundo a física da matéria. A isso, eles adicionaram anos de estudo de psicologia. Essa base sólida de conhecimento e experiência alimentou suas inspirações e experimentações, dando-lhes combustível para gerar ideias originais, vigorosas e duradouras.

Eles não estão sozinhos como dupla de artistas curiosos de verdade cuja obra causou impacto internacional. Em seu ateliê no East End londrino, Gilbert & George produziram um conjunto impressionante de performances e de fotomontagens em grande escala que mudaram a natureza da escultura e quebraram tabus sociais.

Eles têm uma frase interessante sobre o papel central da integridade nos processos criativos. Com base no princípio de que se você não se leva a sério, não pode esperar que outros o façam, aconselham: "Faça o mundo acreditar em você e pagar caro por esse privilégio."

Foi o que eles fizeram. E continuam a fazer. Seus trabalhos têm sido colecionados e exibidos pelos maiores museus de arte moderna do mundo. Gilbert & George se apresentam como cavalheiros eduardianos, o que é um tanto charmoso até você perceber que isso faz parte de um projeto de performance que vem sendo desenvolvido há décadas, e nesse ponto as coisas começam a parecer um tanto sombrias e subversivas.

Eles se descrevem como "esculturas vivas" quando estão trabalhando com a linguagem performática, seus corpos servindo como meios pelos quais exploram os temas que lhes interessam. Um deles é a criatividade. Em meados da década de 1990, eles encenaram uma performance cujo texto era interpretado de maneira tipicamente telegráfica e sem emoção numa obra chamada *The Ten Commandments for Gilbert & George* [Os Dez Mandamentos de Gilbert & George], uma espécie de guia G&G para a criatividade.

"FAÇA O MUNDO ACREDITAR EM VOCÊ E PAGAR CARO POR ESSE PRIVILÉGIO."

Gilbert & George

É uma boa lista de mandamentos, tingida com a ironia que é sua marca registrada. Mas eu prefiro a que foi compilada por outra dupla de artistas contemporâneos também interessados na criatividade como tema. Fischli/Weiss – como são conhecidos esses artistas suíços – fizeram em 1987 um vídeo famoso chamado *The Way Things Go*, que documenta uma reação em cadeia na qual materiais inertes em um ateliê são, um por um, impelidos ao movimento, à medida que vão colidindo entre si sequencialmente. Buscavam explorar o efeito dominó, de como uma ação, ou acontecimento, afeta outros. Mas tratava-se muito mais de investigar as complexidades do processo criativo do que de falar sobre a suposta aleatoriedade da vida. Eles retornaram a este tema em 1991 com *How To Work Better* [Como trabalhar melhor], que consistia em um conjunto de instruções – não muito diferente da paródia dos Dez Mandamentos de Gilbert & George – com as quais satirizavam a natureza banal e reducionista do discurso gerencial.

O trabalho parece bastante convincente e racional. Mas falta algo – justamente o conselho que, de fato, faria você trabalhar melhor. O ponto 9 não deveria recomendar que você "Fique calmo", mas que "Seja passional". A razão pela qual não faz isso é que a paixão pode causar problema aos chefes.

E basta apenas observar uma figura como Caravaggio para perceber que nem sempre é fácil lidar com um indivíduo criativo e passional. Eis um artista altamente emocional que viveu intensamente e morreu jovem. Mas em seu pouco tempo de vida Caravaggio ofereceu ao mundo uma lição de mestre na arte da inovação.

HOW TO WORK BETTER.

1 DO ONE THING
                AT A TIME
2 KNOW THE PROBLEM
3 LEARN TO LISTEN
4 LEARN TO ASK
                QUESTIONS

5 DISTINGUISH SENSE
    FROM NONSENSE

6 ACCEPT CHANGE
                AS INEVITABLE
7 ADMIT MISTAKES
8 SAY IT SIMPLE
9 BE CALM
10 SMILE

Peter Fischli/David Weiss, *How To Work Better*, 1991.
[Tradução livre do texto: *Como trabalhar melhor* / 1 Faça uma
coisa de cada vez / 2 Conheça o problema / 3 Aprenda a ouvir /
4 Aprenda a fazer perguntas / 5 Distinga o razoável do absurdo /
6 Aceite a mudança como inevitável / 7 Admita seus erros /
8 Fale de maneira simples / 9 Fique calmo / 10 Sorria. (N.T.)]

Como indivíduo, ele tinha suas falhas. Na maioria das noites, podia ser encontrado estendido nas sarjetas pútridas de Roma, deitado sobre o próprio vômito e sangue, depois de ter bebido e brigado muito. Fazia amizade com prostitutas e gigolôs, empunhava a espada com tanta frequência quanto o pincel e passou os últimos anos de vida foragido por assassinato.

Eis o Caravaggio folclórico: um desordeiro temperamental que por acaso era bom em pintura. É uma narrativa atraente e romântica, que dá mais notoriedade à sua obra. Mas é exagerada e tem inclusive algo de paradoxal. A razão pela qual a arte de Caravaggio tem emocionado milhões de pessoas durante séculos não é o fato de que ele era mau, e sim de que era extremamente bom.

Ele foi o maior artista de sua época. Embora tivesse apenas 38 anos de idade quando morreu, Caravaggio conseguiu mudar dramaticamente os rumos da arte. Ele libertou a pintura do maneirismo frígido e inerte do Renascimento tardio e a conduziu para uma era de vigorosa resplandecência barroca. Foi uma proeza radical que ele realizou por meio da via criativa convencional.

Paixão. Não há dúvida de que Caravaggio era um sujeito apaixonado; era um homem que exalava emoção por todos os poros. Mas a paixão precisa de um foco, e o dele foi a arte. Tendo ficado órfão quando adolescente, o jovem Michelangelo Merisi da Caravaggio tornou-se aprendiz de pintura no ateliê de Simone Peterzano,

> **Caravaggio conseguiu mudar dramaticamente os rumos da arte. Foi uma proeza radical que ele realizou por meio da via criativa convencional.**

um artista competente, mas longe de brilhante, que fora aluno de Ticiano. Caravaggio trabalhou arduamente, desenvolveu suas habilidades básicas e dedicou-se a descobrir o que fazia os antigos mestres tão especiais.

Interesse. Ele aprendeu as sutilezas da composição estudando as pinturas de Giorgione e a maneira de modelar a forma humana com as obras de Da Vinci. Seu interesse pelo potencial dramático dos efeitos de luz foi despertado quando ele viu, no início do século XVI, os trabalhos de Lorenzo Lotto. E sua compreensão do gesto, quase certamente, foi gerada nas horas e horas que passou observando o famoso conjunto de afrescos de Masaccio na capela Brancacci, em Florença.

Curiosidade. A determinação de Caravaggio em encontrar uma forma nova e excitante de representação na pintura o levou ao mundo das lentes. A ótica era para a sociedade da época o que hoje o universo digital é para nós: uma tecnologia em rápido desenvolvimento que estava revolucionando as percepções do mundo. Sob a orientação de Galileu, a Itália era líder nesse campo.

Intrigado pelo assunto, Caravaggio mergulhou na tarefa de aprender tudo o que podia sobre as diferentes lentes – convexas, biconvexas e côncavas – e qual era seu potencial quando aplicadas a sua arte. Alguns acadêmicos afirmaram, inclusive, que ele pintava com a ajuda de uma câmara escura.

Inspiração. Ninguém conhece a raiz das tendências dramáticas de Caravaggio, mas não há dúvida de que elas eram a força motriz de muitas das inovações que ele introduziu. Seu objetivo artístico era fazer pinturas tão chocantemente realistas quanto as produzidas por seus pares eram insípidas e artificiais. O drama era a sua inspiração, as lentes a sua salvação.

Quando Caravaggio chegou a Roma em 1592, a vida não era fácil para nenhum artista desconhecido naquela que era então a capital do mundo da arte. Era difícil encontrar trabalho, a competição era acirrada e o dinheiro, escasso. O custo dos materiais consumia a maior parte do que ele ganhava, deixando muito pouco para pagar modelos-vivos.

Experimentação. Caravaggio descobriu que a solução para seus recursos limitados estava surpreendemente à mão. Usando o conhecimento que adquirira com os artifícios óticos, ele simplesmente colocou um espelho a sua esquerda, montou o cavalete, preparou a tela, olhou para o espelho e ... lá estava diante dele um modelo que não lhe custaria um centavo: um belo italiano de 21 anos chamado Caravaggio.

Ele deve ter vibrado com o que viu. Não por sua própria imagem, mas pela revelação de como a ótica podia transformar a sua arte. É provável que o *Baco doente* (1593) (ver caderno de imagens) seja o resultado dessa descoberta, uma

A paixão deu a Caravaggio força e propósito para conseguir desafiar a ortodoxia na mais ortodoxa de todas as épocas.

pintura que é bastante diferente de qualquer outra produzida na época. É tão incrivelmente realista. E dramática. A fonte de luz isolada que capta os contornos do corpo musculoso do rapaz é abertamente sensual, uma teatralidade erótica que Caravaggio enfatiza ao colocar a figura contra um fundo totalmente escuro.

Essa pintura é o emblema de uma nova era na arte: um período de expressão e movimento, cor e drama. Nessa imagem experimental inicia-se o barroco.

Inovação. Terá havido algum dia um artista mais passional que Caravaggio? Penso que não. Isso deu a ele força e propósito para conseguir desafiar a ortodoxia na mais ortodoxa de todas as épocas.

Seu temperamento exerceu claramente um papel fundamental em sua arte. Podemos ver isso no estilo elaborado das composições, na natureza emocional das narrativas e na arrojada técnica de pintura. Mas há outra inovação na obra do impetuoso italiano que a torna imediatamente reconhecível e memorável.

É a técnica que ele desenvolveu para contrastar luz e sombra de modo a acentuar o efeito pictórico, conhecida como *chiaroscuro*. Observe qualquer uma de suas famosas pinturas e você será imediatamente afetado pelo espaço em que a ação parece ter lugar. O fundo escuro e as pesadas sombras dramatizam o que está ocorrendo em elementos mais iluminados, de maneira que eles parecem desprender-se da superfície e vir em sua direção.

O uso do *chiaroscuro* por Caravaggio é tão surpreendente e vigoroso hoje quanto era quando foi usado pela primeira vez, há mais de quatrocentos anos. Seu legado pode ser visto nos filmes de Orson Welles e de Alfred Hitchcock, nas fotografias de Man Ray e Annie Leibovitz. Poderíamos dizer que Caravaggio foi o primeiro cineasta do mundo.

Realização do conceito. Caravaggio agora tinha chegado à etapa final do processo criativo, o estágio que pode parecer o menos oneroso, mas na verdade é um dos mais difíceis: transformar tudo que tinha aprendido, desenvolvido e testado em algo concreto e duradouro. Isso não é algo que se possa fazer facilmente sozinho. Caravaggio precisava de um parceiro. Marina tinha Ulay, Gilbert tinha George; Caravaggio não tinha ninguém. Mas ele não precisava de outro artista para ajudá-lo a trabalhar numa ideia do mesmo modo como Picasso e Braque, mais tarde, uniriam forças para desenvolver o cubismo. Na verdade, ele não precisava de nenhum parceiro criativo. O que Caravaggio necessitava era de um mecenas. Ele precisava de dinheiro.

Seu facilitador criativo veio na aristocrática forma do cardeal Francesco Maria del Monte, um bem-relacionado amante da arte, proprietário de um enorme *palazzo* em Roma. Embora fizesse parte da alta cúpula da Igreja e contasse com o papa entre seus amigos, o cardeal imediatamente afeiçoou-se ao incivilizado Caravaggio e a suas inovações engenhosas. Surpreendentemente, talvez, ele não era de forma alguma

> **O estágio final do processo criativo é na verdade um dos mais difíceis: transformar tudo que se aprendeu, desenvolveu e testou em algo concreto.**

contra o realismo radical do artista. Nem parecia se incomodar com o fato de que ninguém antes havia apresentado Jesus como fez Caravaggio em *A ceia em Emaús* (1601) (ver caderno de imagens). Cristo é retratado como um homem sem barba, de aparência comum, dividindo o foco principal da tela com um cesto de frutas.

Como Marina Abramović, Caravaggio não se contentava em simplesmente confrontar o observador; ele queria nos convidar a fazer parte da ação, a nos tornar personagens da história. A partir do momento em que você se coloca diante de uma das grandes pinturas de Caravaggio – como a terrível *Salomé com a cabeça de são João Batista* (1607) (ver caderno de imagens) –, se torna parte da história. A quem Salomé oferece a travessa onde foi colocada a cabeça de são João? Após um breve momento fica evidente que é a você, o observador!

Caravaggio passou os catorze anos seguintes de sua vida desenvolvendo seu conceito para a perenidade. O legado de sua criatividade disseminou-se atravessando fronteiras, séculos e formas de arte. O cineasta Martin Scorsese credita ao artista as cenas de interiores em seu filme *Caminhos perigosos* (1973), enquanto seu *chiaroscuro* barroco foi claramente uma inspiração para o falecido estilista britânico Alexander McQueen. Eles só descobriram seu gênio justamente porque eram curiosos de verdade, tanto quanto Caravaggio, Marina e Gilbert & George.

4. Os artistas roubam

Este capítulo fala sobre rupturas e como manufaturar ideias. Fala também das técnicas envolvidas, de como podemos nos programar para ter pensamentos originais e da necessidade de reconhecer que eles não surgem do nada. Sim, ondas de inspiração acontecem, mas somente porque preparamos nosso inconsciente para produzi-las.

As ideias emergem de um modo específico de pensar.

"NÃO HÁ NADA DE NOVO SOB O SOL."

Eclesiastes 1:9

ELAS SURGEM quando incentivamos nosso cérebro a combinar (ao menos) dois elementos aparentemente aleatórios em uma nova configuração, por meio da fusão entre ruptura e aplicação. Essa é uma abordagem que foi identificada – entre outros – por Albert Rothenberg, psiquiatra norte-americano que passou toda sua vida profissional estudando a criatividade em seres humanos. Ele entrevistou e estudou inúmeros cientistas e escritores de destaque, e por meio de sua pesquisa identificou formas específicas e constantes de comportamento cognitivo apresentadas quando alguém está gerando uma ideia. Chamou isso de pensamento homoespacial. Rothenberg descreve esse processo como "conceber ativamente duas ou mais entidades discretas ocupando o mesmo espaço, uma concepção que leva à articulação de novas identidades". Ele ilustra sua teoria com os resultados de uma pesquisa que conduziu, baseada na metáfora poética "A estrada era um foguete de luz solar".

Ele perguntou aos participantes de onde achavam que vinha a inspiração do (ou da) poeta. A maioria supôs que ela derivava da observação física. Alguém especulou que o poeta tinha olhado para a estrada e um feixe de luz do sol apareceu em formato de foguete. Outro achou que o poeta estava dirigindo um automóvel num dia de sol e sentiu como se estivesse viajando num foguete. Nenhuma suposição estava correta.

Albert Rothenberg conta que o que aconteceu de fato foi que o poeta achava as duas palavras distintas – "estrada" [*road*] e "foguete" [*rocket*] – atraentes. Particularmente quando eram combinadas e seus sons, formas e relações (em forma de aliteração, nos termos em inglês) funcionavam harmoniosamente. Mas como o poeta poderia transformá-las em uma metáfora? Quando é que elas têm o mesmo significado ou são comparáveis?

Esse enigma induziu o inconsciente do poeta à ação, e seguiu-se a isso um período de livre associação. O termo "luz do sol" veio repentinamente a sua mente, e com ele a ideia do raio de sol brilhando na estrada. As combinações foram feitas, e uma metáfora original foi construída. O poeta tinha escolhido duas "entidades distintas" – estrada e foguete –, forçou-as a entrar no mesmo espaço conceitual, e isso desencadeou um processo criativo no qual o cérebro começa a operar no modo "solução de problemas". Para solucionar problemas é necessário pensar, e isso requer imaginação, que é exatamente o que leva àquele momento de inspiração.

Muitas vezes o "novo" elemento nas grandes ideias surge na forma de uma ruptura.

É assim que as ideias são geradas. Combinações incomuns, a mistura do novo com o velho, estimulam ideias originais, isto é, ideias que têm origens.

Sem dúvida, isso não significa necessariamente que a ideia seja boa ou valiosa. A qualidade surge quando a ideia está centrada num tema sobre o qual temos informação e que nos desperta interesse. O que é estimulante, sobretudo para aqueles de nós que não se julgam criativos, é o fato de que todos podemos fazer esse tipo de combinações, as quais são moldadas por nossa própria personalidade e temperamento. Ninguém mais poderia fazer as mesmas conexões da mesma maneira; o que concebemos é unicamente nosso.

Muitas vezes, o "novo" elemento nas grandes ideias surge na forma de uma ruptura. Mudar de casa ou de emprego, conflitos e corações partidos, tudo isso pode estimular o cérebro a começar a fazer conexões radicais. Em nossa época, a tecnologia tem sido um grande elemento de ruptura, tornando possível o que era antes impossível. Por exemplo, readapte a antiga ideia de enciclopédia à era da internet e, pronto!, você tem a Wikipédia.

O mesmo se aplica à ruptura social: o que antes era proibido passa a ser permitido. Veja, por exemplo, a descrição vívida de cenas de sexo explícito no romance *O amante de Lady Chatterley*, de D.H. Lawrence. A versão integral foi banida da Inglaterra por mais de trinta anos, até que um processo judicial em 1960 revogou essa decisão. Profanações e sexo ilícito sempre fizeram parte da vida, mas agora era finalmente aceitável representá-los em forma literária. Os escritores britânicos tiraram total proveito da mudança, produzindo obras inovadoras – do poema rico em efeitos estilísticos "This Be the Verse", de Philip Larkin, à peça socialmente provocadora *Entertaining Mr. Sloane*, de Joe Orton.

Ambos os escritores estavam seguindo as pegadas de Lawrence. Estavam, num certo sentido, copiando-o. Ou, ao menos, roubando dele uma ou duas ideias. Isso é algo que sempre ocorre no processo criativo, mas em geral é minimizado. O escritor francês Émile Zola, refletindo sobre a arte, disse certa vez que ela era simplesmente "um ângulo da criação visto através de um temperamento". Em outras palavras, a criatividade é a apresentação de elementos e ideias preexistentes filtrados pelas percepções e sentimentos de um indivíduo.

> **"COMEÇO COM UMA IDEIA E ENTÃO ELA SE TORNA OUTRA COISA."**
>
> **Pablo Picasso**

Apropriar-se de ideias experimentadas por outros é o lugar óbvio e inevitável para começar alguma coisa. Todos conhecemos a frase atribuída a Picasso: "Os bons artistas copiam, os grandes artistas roubam." O aforismo tornou-se um pouco gasto ao longo do tempo, o que é compreensível, uma vez que vem circulando ao longo de séculos. Picasso roubou a máxima do grande escritor iluminista francês Voltaire, que comentara dois séculos antes que "a originalidade nada mais é que a imitação criteriosa".

A extensa lista de gênios criativos que confessam furto de propriedade intelectual incluem Isaac Newton – que disse: "Se consegui ver mais longe, foi porque subi nos ombros de gigantes" – e Albert Einstein, que comentou que "a criatividade é saber como esconder suas fontes".

A razão de esses nobres indivíduos serem tão devotados a creditar outras pessoas não se deve à falsa modéstia, ou falta de autoconfiança, mas ao fato de ser terrivelmente importante para eles que nós soubéssemos. Eles não queriam nos iludir ou promover noções equivocadas sobre a criatividade. Queriam desfazer em nós qualquer tendência a criar uma visão romântica do que eles haviam realizado, e contrapor-se à ideia equivocada de que eram almas celestiais, abençoadas com inspiração divina. Todos esses homens eram brilhantes, sem dúvida, mas talvez não totalmente diferentes de mim e de você.

> **"Se consegui ver mais longe, foi porque subi nos ombros de gigantes." ISAAC NEWTON**

Eles sabiam que a originalidade em forma completamente pura de fato não existe. Assim como nós, precisavam de algo a que tivessem que reagir e responder, algo a partir do qual pudessem construir. Cézanne resumiu elegantemente essa realidade quando descreveu as importantes inovações que introduzira na arte com suas pinturas de perspectiva dual, no fim do século XIX, como simplesmente "ter acrescentado outro elo à corrente".

Picasso não foi diferente. Ele também realizou duas rupturas fundamentais na arte, mais notavelmente com o cubismo. Terá sido uma ideia que ele concebeu a partir do nada? Não. Ele estava apenas adicionando o próximo elo à corrente ao fazer progredir a obra pioneira empreendida pelo maior artista da geração anterior, um certo Paul Cézanne.

A leitura instintiva da afirmação de Picasso é concluir que ele faz uma comparação rígida, diferençando entre o que define um bom artista e o que define um grande artista. Mas sua declaração é mais sutil que isso. Ele não está descrevendo duas filosofias opostas; está acentuando um processo. Sua observação é como uma pessoa deixa de ser um bom artista para se tornar um grande artista.

Picasso se refere a uma jornada. Ele diz que não se pode ser grande sem antes ter sido bom. E, para ser bom, só há um lugar onde começar.

Qualquer pessoa envolvida em qualquer ocupação criativa começa copiando, seja um bailarino ou um engenheiro estrutural. É assim que aprendemos. As crianças ouvem música e tentam reproduzi-la nota por nota. Aspirantes a escritores leem seus romances favoritos numa tentativa de aprender um estilo particular. Os pintores passam seus anos iniciais plantados em museus gelados copiando obras-primas. É uma forma de aprendizado. Você precisa imitar antes de poder rivalizar.

É um período de transição, uma ocasião para aprender corretamente os princípios básicos, desenvolver técnicas específicas, entender as complexidades de um meio, com a esperança de reconhecer onde estão as oportunidades para acrescentar seu próprio elo à corrente.

Observe o trabalho inicial de qualquer artista e você verá um imitador que ainda não encontrou sua própria voz. Como na cena de um crime, ali está a evidência do roubo a que Picasso se refere. Você pode identificar os mestres que um artista copiou e depois abandonou, e aqueles de quem copiou e então roubou. Já vi vários desses exemplos claramente identificáveis, mas nenhum tão evidente quanto numa exposição de alguns dos trabalhos iniciais de um cidadão de Málaga.

Becoming Picasso [Tornando-se Picasso] foi uma mostra apresentada na pequena, mas excelente, galeria Courtauld, no centro de Londres, em 2013. Concentrava-se no ano de 1901, quando Picasso era ainda um artista desconhecido, embora promissor. O jovem prodígio espanhol de dezenove anos tinha deixado seu país natal para fazer nome entre a elite vanguardista de Paris. Tinha realizado sua primeira visita à capital francesa no ano anterior, e retornava agora com grandes esperanças de encontrar uma galeria importante para ajudá-lo a alavancar sua carreira. Ele estava com sorte.

Um amigo espanhol que estava morando na França havia uma década conseguiu convencer Ambroise Vollard, um dos mais importantes e influentes negociantes de arte da cidade, a organizar uma mostra individual do jovem artista. Picasso estava empolgado. Este era o seu momento. Empacotou suas tintas e seus pincéis, fez a mala e partiu de Madri para Paris.

Chegando lá, alugou um estúdio no bulevar de Clichy e começou a pintar. Durante os meses seguintes, praticamente só fez isso, e diz-se que pintava três quadros por dia. Quando acabaram as suas telas, ele pintou em painéis de madeira, e quando esse estoque também se esgotou, usou papelão. Em junho de 1901 ele estava pronto, com mais de sessenta pinturas finalizadas – algumas ainda pegajosas, com a tinta úmida – para sua primeira grande exposição na glamorosa galeria Vollard.

O trabalho que ele produziu foi extraordinário. Não em razão da quantidade ou qualidade, mas pela imensa variedade de estilos. Num momento ele estava copiando seus ilustres antecessores espanhóis, como Goya e Velázquez, em outro invocava o espírito de El Greco. Nas duas ou três pinturas seguintes, claramente imitava os impressionistas e pós-impressionistas.

Lá estava *Anã dançarina* (ver caderno de imagens), sua versão de *A pequena bailarina*, de Degas, à qual ele acrescentou um toque flamenco. Perto dela, estava pendurada *O quarto azul*, reinterpretação de *As banhistas*, de Cézanne, pelo jovem e precoce pintor; e, não longe dali, uma imagem *à la* Toulouse-Lautrec em tema e estilo chamada *No Moulin Rouge*. Em todos os outros lugares, ele tinha canalizado os contornos robustos de Gauguin e as cores vívidas e pinceladas indóceis de Van Gogh.

Não se tratava de uma mostra que apresentava o virtuosismo de um novo e empolgante artista; era uma exposição que promovia um imitador muito talentoso. Para mim, foi uma experiência estranha visitar aquela reconstrução aproximada da mostra de Vollard na galeria Courtauld. Jamais imaginei que Picasso tivesse copiado em escala tão grande. Era evidente, ao olhar para suas pinceladas e linhas confiantemente desenhadas, que ele já era um bom artista, mas certamente não um dos grandes. Barnaby Wright, curador de *Becoming Picasso*, concordava. Ele especulava que se Picasso tivesse morrido no início do verão de 1901, quando a exposição original foi inaugurada, não seria mais que uma nota de rodapé na história da arte moderna. O fato de que isso não tenha ocorrido e que, no devido tempo, ele tenha se tornado o personagem singular mais importante dessa história deve-se ao que conseguiu realizar na segunda metade daquele ano.

A exposição de Vollard fora um sucesso; Picasso tinha vendido várias pinturas, feito algum dinheiro e estabelecido as bases de um mercado para seu trabalho. Mas ele não estava interessado em ser um ilustrador glorificado: queria se tornar Picasso. E para que isso acontecesse, tinha que parar de produzir seus brilhantes pastiches e mudar sua conduta. Ele percebeu que isso lhe traria dificuldades financeiras no curto prazo, mas esperava que conduzisse a um ganho criativo (e comercial) adiante. E foi por isso que, com o impudente otimismo da juventude, parou de copiar em julho de 1901 e, em vez disso, começou a roubar.

A diferença entre as duas coisas é enorme. Copiar requer alguma habilidade, mas zero de imaginação. Nenhuma criatividade

Pablo Picasso "pintando" com luz, c.1949.

é exigida, e é por isso que as máquinas são tão boas nisso. Roubar é algo totalmente diferente. Roubar é possuir. E tomar posse de algo é um empreendimento muito maior – o item adquirido passa a ser responsabilidade sua: o futuro dele está em suas mãos.

Pense, por exemplo, num carro roubado. O ladrão inevitavelmente irá levá-lo para uma direção diferente daquela pretendida por seu proprietário anterior. O mesmo se aplica às ideias.

E se porventura as ideias em questão estiverem em posse de alguém tão destemido, prolífico e engenhoso como Picasso, são grandes as chances de que elas façam um passeio e tanto. E de fato fizeram. Mas, antes, Picasso tinha que decidir o que queria fazer com os conceitos que havia surrupiado. Para onde poderia levar o expressionismo de Van Gogh, a temática de Toulouse-Lautrec, os contornos rígidos de Degas e os blocos de cor de Gauguin?

"Pode ser que digam que eu só fiz aqui um buquê de flores estrangeiras, sem contribuir com nada de meu além do cordão para atá-las." MONTAIGNE

Por volta de julho de 1901, Picasso estava frustrado. Não só estava se debatendo para encontrar sua própria voz artística após a exposição de Vollard, mas também ficara profundamente traumatizado com o suicídio de seu grande amigo Carlos Casagemas, ocorrido no início daquele ano em Paris. Para agravar seu estado depressivo, inadvertidamente aceitou um convite para visitar a prisão feminina em Saint-Lazare e observar as reclusas. O que ele viu – mulheres encarceradas com seus filhos, mulheres trajando gorros brancos para indicar que haviam contraído sífilis – deixou-o fortemente abatido.

Sua vitalidade estava baixa e seu gênio, abrandado. Picasso ainda estava interessado nas ideias que havia roubado de Van Gogh e de outros, mas agora elas estavam colidindo com um artista que se sentia decididamente melancólico.

Sentindo-se melancólico? É isso! A inspiração veio à tona. De repente, ele sabia exatamente para onde queria levar as inovações de todos aqueles grandes artistas do passado. As linhas nítidas, os blocos de cor e a maneira expressiva, tudo isso ainda tinha seu lugar, mas não na forma empregada por seus antecessores. Ele simplificou, rebaixou os tons, fundiu e acalmou. Mudou a paleta de cores para o azul e o estado de espírito para a melancolia.

A transição foi notável. Picasso tinha entrado no que hoje se conhece como sua fase azul. *Arlequim sentado* (1901) (ver caderno de imagens) é um dos primeiros exemplos dessa fase. Retrata um arlequim triste e contemplativo, com a face coberta de pó branco, vestindo uma roupa com quadrados azuis e pretos. Essa não é a típica aparência de um arlequim, que em geral é um bufão com traje vivamente colorido, acompanhado de um sorriso malicioso. É um resultado do engajamento de Picasso num exemplo de pensamento homoespacial. Picasso forçou a colisão entre entidades distintas ao combinar dois personagens típicos da *commedia dell'arte*: o Arlequim e o desolado palhaço Pierrô, com seu temperamento depressivo.

Ao fundir as duas identidades em uma, criou uma terceira figura, original. O Arlequim em sua tela é Casagemas: morto na realidade, mas ainda vivo na mente de Picasso. Ele vestiu seu querido amigo como Arlequim porque, tradicionalmente, o personagem conquista a afeição da bela Colombina na *commedia dell'arte*. Mas na vida real Casagemas não conquistou a sua Colombina (o motivo do suicídio), e foi por isso que Picasso combinou essa imagem com a do rejeitado Pierrô. Um matiz azul recobre tudo.

Quanto mais olhamos para essa pintura, mais percebemos como Picasso incorporou ideias tiradas de antecessores. Vemos a fisionomia exaurida de um *Bebedor de absinto* tal como retratada por Manet

> **"Não importa de onde você retira as coisas, e sim para onde as conduz."**
> JEAN-LUC GODARD

e Degas. Há um vislumbre do laranja taitiano de Gauguin e dos *Girassóis* de Van Gogh. Os contornos das *Banhistas* de Cézanne são visíveis nos babados da gola e do punho da roupa do arlequim. Mas essa é uma pintura de Picasso. O drama e a atmosfera são dele; as escolhas e combinações são dele. Mas, mais que isso, o estilo é dele.

Caminhar pela segunda seção da mostra da galeria Courtauld, que exibia as pinturas da fase azul, feitas após junho de 1901, foi uma revelação. Aqui estava um artista adolescente que, no espaço de um mês, tinha se transformado de copista em mestre. Ele tinha assimilado tudo que precisava de seus heróis, filtrado as ideias deles conforme a sua personalidade e produzido um corpo de obras que era, ao mesmo tempo, surpreendentemente original e engenhosamente derivativo. Foi então que ele começou a assinar suas telas como "Picasso", sem as iniciais e outras variantes que havia usado anteriormente. Foi o momento em que Pablo Ruiz y Picasso se metamorfoseou e tornou-se Picasso.

Desde essa época, muita gente roubou de Picasso, numa faixa que vai do escultor Henry Moore a Steve Jobs, o cofundador da Apple. Jobs chegou a citar a frase "Os bons artistas copiam..." antes de dizer: "Nós [Apple] nunca tivemos vergonha de roubar grandes ideias." E foi o que fizeram com a famosa série de ilustrações de Picasso conhecidas coletivamente como *O touro* (c.1945) (ver p.95). Segundo o *New York Times*, a Apple ensina aos funcionários o seu éthos de design despojado mostrando essa suíte de onze litografias de Picasso, as quais retratam um touro de forma gradativamente simplificada.

Picasso apresenta as imagens como um processo de redução – ou, como ele preferiu chamar, destruição – para chegar a uma verdade essencial: a essência de um touro. É uma sequência incomum, no sentido de que ele expõe o que normalmente fica escondido. Ele fez uma imagem para cada etapa da produção de um trabalho, demonstrando-nos seu processo de pensamento. As dez litografias que precedem a versão final são como o copião de um filme ou as provas editadas de um autor: o material irrelevante que não entrou na edição final.

A série começa com uma imagem tradicional, de acordo com as águas-fortes de touros produzidas

> **"Escolho um bloco de mármore e tiro dele tudo de que não preciso."**
> **AUGUSTE RODIN**

por seu compatriota Francisco Goya no século XVIII. Em sua segunda tentativa o touro é mais cheio e mais gordo, e parece aludir ao celebrado *Rhinoceros* (1515), de Albrecht Dürer. Nesse estágio, ele ainda estava copiando.

Mas na terceira versão o verdadeiro Picasso entra em cena. Ele começa a dissecar o animal como um açougueiro, demarcando as juntas e os cortes. Ele está tomando controle, quase literalmente dimensionando o animal. A quarta prancha recebe a adição de linhas geométricas e se move em direção a uma imagem mais cubista – ele está testando algumas de suas antigas ideias em um sistema litográfico, que é novo para ele. O touro se volta para nós. O artista está se sentindo mais confiante. As versões cinco, seis e sete evocam uma série similar de desenhos feitos pelo modernista holandês Theo van Doesburg em 1917, à medida que as seções do animal são rearranjadas para criar um design mais equilibrado no todo.

Entre as pranchas oito e nove, vemos que Picasso percebe que nesse meio particular pode ser válido o princípio "menos é mais". Matisse foi o reconhecido mestre da linha; aqui Picasso tira suas luvas e desafia o rival em seus próprios termos. Saem todas as áreas preenchidas; desse ponto em diante a questão passa a ser a pureza do desenho.

A décima imagem mostra o artista recorrendo à experiência. Os chifres do animal mudaram de imediatamente reconhecíveis para algo mais próximo de uma forquilha, uma forma abreviada linear que Picasso tinha estabelecido três anos antes com sua *Cabeça de touro* (1942), feita com um banco e um guidão de bicicleta. A cabeça agora mínima do touro é anunciada por um olho ampliado, um artifício gráfico que ele vinha praticando desde *Les demoiselles d'Avignon* (1907).

E então, na gravura final, tudo se junta. É uma imagem singular, feita pela combinação de pinturas rupestres com abstração moderna, da mão experiente com um novo processo. Ele tinha se apropriado de ideias de outros, e reutilizado muitas de suas pró-

Lâmina dois

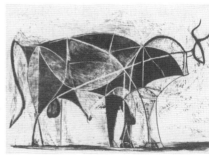
Lâmina seis

Lâmina sete

Lâmina oito

Lâmina nove

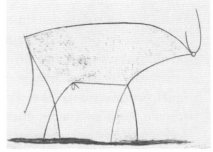
Lâmina onze

Pablo Picasso, de *O touro*, 1945-46.

prias. Tinha reagido a Matisse e respondido aos acontecimentos mundiais. Combinara fatores externos com sua própria memória e os transgredira por meio do aprendizado de uma nova técnica. Tudo isso ele havia destilado através de seu próprio temperamento e instinto, para produzir uma obra extremamente original.

Picasso nos mostra aqui que a criatividade não está ligada a adições, mas a subtrações. As ideias precisam de lapidação, simplificação e foco. Essa é uma mensagem que suponho que a Apple gostaria de transmitir aos seus designers: os chefs de cozinha fazem reduções para aumentar o sabor; os artistas eliminam para obter clareza.

A série de litografias de Picasso nos mostra não apenas como uma ideia – literalmente – ganha forma, mas também de onde ela surge em primeiro lugar. Na figura final e simples de um touro feita por Picasso, reside a chave da criatividade.

Ela se encontra na excepcional capacidade humana de sintetizar nossas experiências, influências, conhecimentos e sensações em uma entidade única, original. Possuir tal facilidade inata, que nos permite fazer conexões aparentemente aleatórias entre um vasto conjunto de informações, é algo maravilhoso. Essa deve ser a faculdade criativa mais importante que temos, como observou Einstein quando disse: "O jogo combinatório parece ser a característica essencial do pensamento produtivo."

O processo por que passam nosso consciente e inconsciente quando estamos editando, conectando e combinando tudo que sabemos e sentimos, para gerar um pensamento coerente e original, ocorre ao longo de um período de tempo. Ele não pode ser forçado. Acontece quando estamos acordados ou dormindo. Acontece quando estamos pensando sobre algo totalmente diferente, ou jogando tênis. Acontece porque um estímulo no ambiente que

Bridget Riley, *Man with a Red Turban (After Van Eyck)*, 1946.

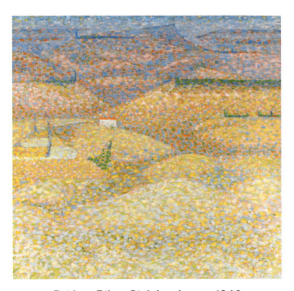

Bridget Riley, *Pink Landscape*, 1960.

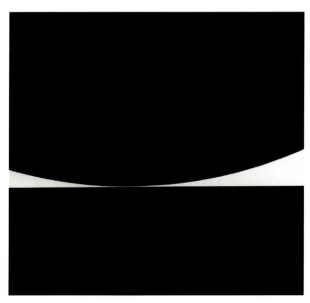

Bridget Riley, *Kiss*, 1961.

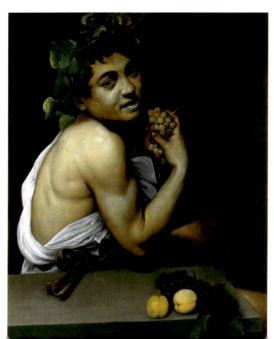

Michelangelo Merisi
da Caravaggio,
Baco doente, 1593.

Caravaggio, *A ceia em Emaús*, 1601.

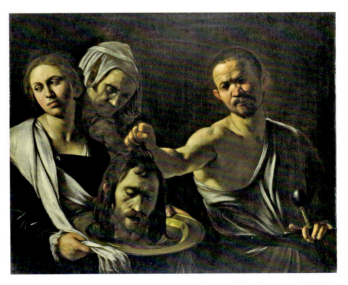

Caravaggio, *Salomé com a cabeça de são João Batista*, 1607.

Pablo Picasso,
Anã dançarina, 1901.

Pablo Picasso,
Arlequim sentado, 1901.

Jacques-Louis David, *A morte de Sócrates*, 1787.

Piero della Francesca, *A flagelação de Cristo*, 1458-60.

Luc Tuymans,
William Robertson, 2014.

Luc Tuymans, *John Robison*, 2014.

Luc Tuymans, *John Playfair*, 2014.

Johannes Vermeer, *Moça com brinco de pérola*, 1665.

Peter Doig, *Ski Jacket*, 1994.

Rembrandt van Rijn, *Autorretrato*, 1669.

Kerry James Marshall, *De Style*, 1993.

nos cerca – em geral sem que tomemos conhecimento dele antes ou depois – alertou nosso cérebro para fazer uma conexão, resultando na formação de uma combinação que une todos os pontos em

Não existem ideias completamente originais. Mas há combinações únicas.

uma ideia perfeitamente concretizada, logicamente robusta. O que se sente como inspiração divina é na verdade instinto.

E poucos sabiam disso melhor que Picasso, que certa vez disse: "A arte não é a aplicação de um princípio de beleza, mas o que o instinto e o cérebro podem conceber além de qualquer princípio." Ele entendeu o poder criativo do instinto humano, reconheceu-o como um amigo em quem depositar confiança, e não suspeita. E o demonstrou abertamente ao expor a ampla variedade de fatores que contribuem nas litografias de *O touro*, presenteando-nos com uma aula darwiniana, em que apenas as combinações de ideias mais fortes sobrevivem.

O touro não é um exemplo de simplicidade bela: é a manifestação visual de um fatigante conflito de um mês, no qual Picasso juntou e confrontou ideias discrepantes para criar novas conexões. Ele destruiu o que era frágil e rompeu com o passado. Nesse sentido, esse trabalho pode ser lido como uma imagem violenta criada no fim da Segunda Guerra Mundial, época de grande violência.

Mas, afinal, a criatividade é um ato incrivelmente violento. Não há criação sem destruição. E não existem ideias completamente originais. Mas há combinações únicas, que acontecem na imaginação e costumam começar com duas ou três imagens mentais desconexas que de certa forma parecem agradáveis quando alinhadas – o resto, como Picasso bem demonstrou, é trabalho árduo.

5. Os artistas são céticos

A despeito da forma que assume, a criatividade só pode começar em um lugar. Não importa se o seu plano é fazer um bolo de aniversário ou projetar um novo e sofisticado software, só há uma maneira possível de iniciar o processo criativo, que é fazer uma pergunta. Que ingredientes devo usar? Como posso tornar a interface mais intuitiva?

Observe o escultor que entalha um bloco de mármore até que surja uma figura reconhecível. Cada pequena incisão feita pelo cinzel do artista é uma questão a ser respondida. O que acontece se eu retirar este pequeno pedaço? Será que vai dar forma ao torso do modo como eu desejo? E isso leva a outra questão: será que isso funciona? A forma final é o resultado de centenas, se não milhares, de perguntas semelhantes, seguidas de decisões, que muitas vezes levam a mais perguntas e revisões.

A CRIATIVIDADE NÃO TEM A VER COM O QUE OS OUTROS PENSAM, E SIM COM O QUE VOCÊ PENSA.

A CRIATIVIDADE É um processo constante de perguntas e respostas que acontece dentro de nossas cabeças. Se tudo vai bem, a rotina de pergunta-resposta é como se os dois lados de nosso cérebro estivessem trabalhando juntos como em um *pas de deux* intracraniano.

```
Lado esquerdo: Que tipo de bolo de aniversário devo fazer?
Lado direito:  Pão-de-ló de chocolate com glacê.
Lado esquerdo: Ótima ideia, lado direito.
```

Com maior frequência, porém, o processo é demorado, frustrante e mais parecido com algo assim:

```
Lado esquerdo: Que tipo de bolo de aniversário devo fazer?
Lado direito:  Não posso falar com você agora, estou en-
               viando uma mensagem de texto.
Lado esquerdo: Mas é importante, só tenho vinte minutos.
Lado direito:  Ah, sei lá. Que tal um bolo de duas cores
               com marzipã?
Lado esquerdo: Muito difícil.
Lado direito:  Argh! Apertei o botão de "enviar" sem que-
               rer. O quê? Está aí ainda? Olha, vou pensar
               e te dou a resposta quando você estiver no
               banho... daqui a um mês.
```

A questão fica, então, estacionada em nosso inconsciente, onde permanece até que um gatilho aparentemente aleatório fornece a faísca que conecta milhões de neurônios no cérebro, e nesse instante surge uma resposta totalmente formada, como por magia. É bem possível que você esteja no banho quando isso acontecer.

O autor norte-americano Edgar Allan Poe escreveu um bom ensaio sobre o papel essencial que o autoquestionamento constante desempenha no processo criativo. "A filosofia da composição" é o seu guia pessoal passo a passo de como escreveu seu conhecido poema macabro "O corvo".

O ensaio começa com o autor desmascarando a noção de que a criatividade seja um ato de inspiração divina, e afirmando categoricamente que em nenhum momento sua obra foi o resultado de "acidente ou intuição". Em vez disso, diz ele, "procedeu à sua realização com a precisão e a consequência rígida de um problema matemático".

Em seguida, ele descreve de modo magnífico as questões que colocou a si próprio e como chegou a cada uma de suas decisões. Ele fala em termos estritamente práticos sobre como acabou optando pela extensão de 108 linhas para o poema, depois de ter pensado muito sobre o assunto:

> Se uma obra literária é longa demais para ser lida de uma sentada, temos que nos contentar em abrir mão do efeito imensamente importante que se produz pela unidade da impressão – pois, se duas sessões forem necessárias, os assuntos do mundo interferem e tudo o que se refere à totalidade é imediatamente destruído. Parece evidente, então, que há um limite distinto, quanto à duração, para todas as obras de arte literárias – o limite de uma única sessão de leitura.

Com a escala confirmada em sua mente, ele passa a se preocupar com o objetivo principal de um poema, que ele conclui não ser a própria beleza, mas a contemplação da beleza, pois é isso que nos dá o prazer mais intenso. Em seguida, ele argumenta que se a beleza, "em sua manifestação suprema, invariavelmente incita a alma sensível às lágrimas", "a melancolia é, portanto, o mais legítimo de todos os tons poéticos".

E assim, nos poucos parágrafos iniciais, ele mostra como uma técnica de questionamento determinou "a extensão, o terreno e o tom" do seu poema. O ensaio, em seguida, parte para uma análise maior e mais detalhada das muitas outras questões que enfrentou e do modo como as resolveu. É uma leitura fascinante, e muito relevante ainda hoje. O processo que Poe descreve é exatamente o mesmo que o diretor de cinema J.J. Abrams me disse ter vivenciado quando trabalhava no primeiro de sua série de filmes *Jornada nas estrelas*.

Perguntei a ele se tinha ficado preocupado em não atender às expectativas de todos os milhões de devotados fãs do seriado de TV. "Nem um pouco", disse ele, sem hesitação. Na realidade, a maior preocupação dele e de sua equipe tinha sido como mover o capitão Kirk de uma parte da USS *Enterprise* para outra. Qual seria a motivação do personagem? E como fazer para criar dramaticidade a partir da situação? Uma discussão com Spock, talvez? Mas como mover o vulcano na prática? E sobre o que eles discordariam? Ou talvez ele não devesse ter nenhuma discussão com Spock, mas com outra pessoa? Scotty? Mas por quê? E assim foi, até que finalmente eles tinham um roteiro de filmagem concluído.

Poe e Abrams estavam empregando um sistema de lógica para aperfeiçoar e provar conceitos que existem há milhares de anos. A pessoa a quem costumamos associar a técnica de maneira mais evidente é Sócrates (c.470-399 a.C.), filósofo da Grécia Antiga. Ele achava que seus compatriotas aceitavam muitas coisas sem pensar direito sobre elas, fazendo suposições indolentes em vez de engajar seus cérebros. Concluiu que isso não era saudável nem para eles nem para a sociedade; todos corriam o risco de viver com base em mentiras por aceitarem opiniões generalizadas como fatos. Ele desenvolveu então um estilo de indagação aberta, que iria expor as fraquezas das suposições e incentivar as mentes de Atenas a operar com maior capacidade intelectual e criativa.

Sua técnica, hoje conhecida como o método socrático, baseia-se em não pressupor nada e questionar tudo em busca de verdades absolutas. Sócrates usava a dúvida em forma de ceticismo para desafiar ideias preconcebidas. Não se trata aqui de cinismo, que é o total oposto. O cinismo é redutor, destrutivo e premeditado; o ceticismo, por outro lado, quando empregado de modo inteligente, é esclarecedor.

Quando pensamos começamos a questionar, e questionar é imaginar. Imaginar é conceber ideias, e conceber ideias é a base para a criatividade.

Ele resolve problemas. Os problemas – ou seja, questões que precisam de uma solução – estão no cerne da criatividade, porque nos obrigam a pensar. Quando pensamos começamos a questionar, e questionar é imaginar. Imaginar é conceber ideias, e conceber ideias é a base para a criatividade.

Nesse sentido, ter uma ideia é fácil; o difícil é ter boas ideias. Elas são joias preciosas que surgem somente quando colocamos de fato o nosso pensamento em teste, submetendo-o ao método socrático. Foi Sócrates quem disse que "A vida não examinada não vale a pena ser vivida". Parafraseada e reaplicada ao processo criativo, poderíamos dizer: "A ideia não examinada não vale a pena ser realizada." É por isso que J.J. Abrams não estava interessado em tentar imaginar a opinião daqueles milhões de fãs de *Jornada nas estrelas*; não porque estivesse sendo arrogante ou não se importasse – pelo contrário. Queria dar a eles seu melhor empenho artístico. E isso significava assumir a responsabilidade por pensar cuidadosamente toda e qualquer ação. Porque a criatividade não tem a ver com o que os outros pensam, e sim com o que você – o criador – pensa.

E é por isso que o método socrático é uma ferramenta tão útil. Ele nos impele ao ato mais importante do pensamento crítico, que é pensar por nós mesmos. Nada é dado como certo; nada permanece inquestionado. Ele irá expor toda contradição e cada falácia. Irá certificar-se de que nossas ideias são baseadas em uma lógica sólida e não em suposições frágeis; pode ser a diferença entre fazer algo de valor e algo sem valor.

O método é tão potente em nos capacitar a pensar de forma independente que os líderes da antiga Atenas começaram a se inquietar com ele e com seu autor. Sentiram-se ameaçados, temendo que tais caminhos pudessem levar a uma revolta civil. Para proteger seus próprios interesses, forjaram tênues acusações contra Sócrates, acusando o velho sábio, mas excêntrico, de impiedade e de corromper as mentes dos jovens gregos. Finalmente, sem qualquer recurso ao método socrático, ele foi considerado culpado e condenado à morte.

Mais de dois milênios depois, o grande artista francês neoclássico Jacques-Louis David (1748-1825) pintou um quadro famoso retratando o momento anterior à morte de Sócrates. *A morte de Sócrates* (1787) (ver caderno de imagens) mostra o pai da filosofia ocidental sentado à beira de seu leito de morte, de peito nu e tão apaixonado como sempre, com a mão esquerda levantada, o dedo apontando para o céu, desafiando as opiniões daqueles reunidos atentamente ao seu redor. Enquanto isso, sua mão direita estende-se para pegar o copo mortal de cicuta que ele fora condenado a beber. Ao pé da cama está sentado seu aluno brilhante, Platão, cabeça baixa e incapaz de assistir ao processo. Todos estão abalados, exceto Sócrates.

É uma grande tela, com quase dois metros de largura e 1,3 metro de altura. Mas não é a escala ou a habilidade surpreendente de David que me espanta, nem a percepção de que uma pintura tão magnífica tenha significado para o artista fazer milhares de perguntas socráticas a si mesmo. Não, o que é impressionante sobre David, sobre quem quer que seja produzindo um grande trabalho criativo, é o grande número de decisões que precisou tomar.

A tomada de decisão é o subproduto tortuoso do método socrático. Porque, em algum momento, o ceticismo e o questionamento têm que dar lugar ao julgamento pessoal na forma de uma decisão. E essa é a parte mais intimidadora de um processo árduo. Como Sócrates bem sabia, quanto mais questionamos, mais percebemos que não há respostas concretas. A dúvida reina soberana, uma verdade inescapável que ele expressou de maneira sucinta ao dizer: "Só sei que nada sei."

Há muito pouco no método socrático e, por associação, na criatividade que seja fácil. Não se trata simplesmente de fazer perguntas; as perguntas devem ser as mais reveladoras e pertinentes. E as respostas têm de ser aquelas que lhe parecem mais próximas da resolução do problema. Mas nunca é possível ter certeza. É por isso que os artistas, autores, inventores e cientistas-pesquisadores – na verdade, qualquer um que esteja inovando – costumam sentir-se nervosos e vulneráveis ao apresentar seu trabalho. Embora alguns possam parecer confiantes, ninguém está sempre totalmente seguro. Há sempre a dúvida incômoda de que possam ter cometido um erro. Todos procuram reafirmação, mesmo quando dizem que não.

> **"Os mais terríveis obstáculos são momentos em que não conseguimos ver nada, exceto a nós mesmos."**
> GEORGE ELIOT

É neste pântano de ambiguidade que devemos mergulhar se quisermos usufruir a nossa própria capacidade criativa. Cabe a nós tentar extrair certezas do que é incerto para tomar essas decisões difíceis. Algumas de nossas escolhas acabarão por se mostrar corretas, outras não. Há momentos em que teremos feito a escolha errada e precisaremos voltar atrás. Mas tudo bem. Não somos computadores e não há absolutos na criatividade, apenas suposições fundamentadas, mas ao menos são nossas próprias suposições fundamentadas, que dão a nosso trabalho sua individualidade e alma.

Quanto aos dias, meses e por vezes anos de agonia que enfrentamos para realizar nossas criações, estes irão desaparecer de nossa mente e só serão perceptíveis aos mais astutos em nosso trabalho finalizado. Sob a aparente perfeição de *A morte de Sócrates* de David há uma história invisível de tormento, tentativa e erro, frustração e resignação. Nós somos protegidos de tudo isso; só vemos as decisões finais tomadas por David, e talvez imaginemos que tenham ocorrido facilmente ao talentoso pintor. Mas, como Sócrates teria sido rápido em apontar, isso seria apenas uma suposição indolente, inimiga número um da criatividade.

Embora o questionamento nunca deva cessar no curso da criação, algumas respostas estão prontas, tendo sido fornecidas por aqueles que vieram antes. É assim que um aprendiz se torna um mestre e um artista de qualquer tipo se torna mais hábil. Eles aprendem com os outros, para se tornarem capazes de assumir problemas novos e mais complexos à medida que progridem.

Finalmente, os que forem dedicados e determinados alcançarão território desconhecido, o ponto na especialidade que escolhemos onde não há mais precedentes para nos guiar, ou mãos experientes para consultar. Nesse estágio, as questões que fazemos são perguntas novas; as respostas, temos que criar. O que nos leva de volta a Sócrates e seu método.

Um aprendiz se torna um mestre aprendendo com quem veio antes e evoluindo para assumir problemas novos e mais complexos.

É quase inacreditável pensar que as extraordinárias conquistas intelectuais e criativas dos antigos gregos e romanos ficaram perdidas por quase 2 mil anos. Diz-se que só ressurgiram no final do século XIV, com a descoberta de textos antigos e da pesquisa arqueológica na Itália. Essa redescoberta do glorioso passado artístico e intelectual dos antigos levou a uma reavaliação fundamental da vida do homem e de seu lugar na terra. As perguntas que foram feitas eram tão grandes que os próprios pressupostos em que a sociedade ocidental se baseara estavam sendo reavaliados.

Algumas das superstições e crenças da cultura medieval estavam erradas? O indivíduo poderia existir como um espírito independente, sensível, capaz de agir sem considerar as intervenções e ramificações espirituais? Seria possível fazer descobertas e avanços usando apenas a razão e não a oração?

Foram questões desse tipo que causaram tantos problemas a Sócrates, e aqueles que ousaram fazê-las durante todo esse tempo depois também tiveram que ser cautelosos. Mas gradualmente a vontade de explorar sua cultura, ideias e argumentos cresceu, e o Renascimento chegou. Começou mais visivelmente com a arquitetura. O estilo gótico de arcos pontiagudos e ornamentação elaborada, que tinha sido popular por cerca de três séculos, deixou de ser apreciado. Em seu lugar, foram retomadas as linhas clássicas, desenhos geométricos simples e colunas elegantes que davam aos edifícios antigos de Atenas e de Roma sua discreta grandeza.

A mudança de atitude incitou um período incrível de criatividade, não diferente do nosso. Nós também estamos no meio de um renascimento provocado pela descoberta de novas formas de compartilhar conhecimentos e ideias. O arquiteto por trás da nossa época inspirada na internet é o cientista da computação sir Tim Berners-Lee. O seu homólogo no final da Idade Média na

Itália foi um arquiteto florentino chamado Filippo Brunelleschi (1377-1446), responsável pela colocação de uma magnífica cúpula no topo da catedral de Florença.

Foi uma façanha da engenharia que só se tornou possível graças a seu extenso conhecimento da matemática, que usou para calcular detalhes técnicos infinitesimais. Como J.J. Abrams, Brunelleschi acreditava que usar a lógica era a melhor maneira de produzir conceitos funcionais, bem como esteticamente agradáveis. Para tanto, formulou uma nova forma de fazer desenhos arquitetônicos que destacaria problemas e questões antes que a construção fosse iniciada. Assim, podia representar com precisão objetos tridimensionais em uma folha bidimensional de papel por meio da identificação de um único ponto de fuga no horizonte, em direção ao qual todas as linhas que aludem a uma terceira dimensão recuariam e convergiriam.

A perspectiva matemática ou linear, como hoje é chamada, tornou-se um dos pilares do Renascimento. Possibilitou a arte de Da Vinci, Michelangelo e Rafael. Mas só porque felizmente houve um precursor que fez boa parte do trabalho difícil para eles, ao aplicar na pintura o sistema de arquitetura de Brunelleschi. Seu nome era Piero della Francesca (c.1415-1492).

Nascido em uma família abastada de uma cidade próspera, na intersecção entre Marche, Toscana e Úmbria, Piero della Francesca era inicialmente um especialista em matemática, assunto em que se destacou. Mas à medida que se aproximava de seu vigésimo aniversário, decidiu dedicar-se à pintura. É preciso dizer que, se alguma vez houve um momento para ser um artista com inclinação para a matemática, foi na Itália durante a primeira metade do século XV.

Piero propôs-se a tarefa de repensar a forma como o mundo deveria ser representado em uma pintura, dada a invenção da perspectiva matemática. Foi um desafio semelhante ao dos impressionistas quando reinventaram a pintura à luz do advento da fotografia, a não ser pelo fato de que Piero estava trabalhando sozinho. E como se a sua missão já não fosse difícil o bastante, ele complicou o problema, tentando incorporar a questão filosófica de como refletir a perspectiva cada vez mais egocêntrica da sociedade em que vivia.

"Uma obra de arte é o resultado único de um temperamento único."
OSCAR WILDE

Para alcançar esse efeito em suas pinturas, Piero não só teria de representar com sucesso as três dimensões, mas também refletir como o homem experimentava o seu mundo tridimensional. Ao contrário da arte de seus predecessores medievais, as pinturas de Piero teriam que ter um ponto de vista humano, não celestial.

Era um caminho criativo repleto de dificuldades e becos sem saída, e para percorrê-lo precisaria contar com a ajuda do melhor guia de navegação possível. Dante teve Virgílio, Piero escolheu Sócrates. Desde o início, comprometeu-se a questionar tudo. Todas as premissas tiveram de ser desafiadas, a começar dos princípios básicos, tais como: que esquema de composição deveria ser usado para constituir a narrativa de uma pintura moderna. Este não tinha sido um grande problema antes da introdução da perspectiva matemática de Brunelleschi, quando um artista geralmente usava um fundo bidimensional simples, muitas vezes consistindo em nada mais do que um bloco de cor. Mas aquele não era um modo de representar uma imagem tridimensional do mundo que pudesse convencer o espectador. Piero concluiu que a arquitetura tinha de fornecer a estrutura para a sua nova linguagem visual.

Ele começou a produzir imagens em torno de um ambiente construído com base nos projetos de edificações neoclássicas de Brunelleschi. Sua natureza geométrica inerente forneceu a estrutura linear perfeita para projetar um cenário no qual uma narrativa pictórica poderia ocorrer. Ele também tinha o benefício de oferecer um ponto de vista inerentemente antropocêntrico do mundo, como a época exigia. Piero seguia seu próprio caminho graças às grandes mentes da Antiguidade: Euclides, por suas teorias pioneiras em geometria, e Sócrates por seu sistema implacável de indagação.

Não há nenhuma pintura de Piero que ilustre melhor o pioneirismo do seu trabalho que a *A flagelação de Cristo* (1458-60) (ver caderno de imagens). Diz-se que a apresentação dos elementos arquitetônicos nessa pintura é tão precisa que poderia ser usada para construir exatamente o que você vê, sem recorrer a modificações – inclusive a escada ao fundo. Isso é perspectiva matemática executada à perfeição. Poderíamos passar horas com um esquadro, transferidor e compasso conferindo o modo como Piero aplicou os princípios geométricos de Brunelleschi.

O foco da complexa composição de Piero é Cristo, embora isso não seja evidente à primeira vista. O ponto de fuga está no centro, à direita do flagelador vestido com a toga verde, mais ou menos na altura do quadril. Piero não deixou absolutamente nada ao acaso: o equilíbrio e a coesão foram supremos. Cada detalhe foi pensado com atenção; cada aspecto foi questionado por ele.

E havia muito a considerar, inclusive o modo como pintar pessoas. Na arte medieval, as pinturas tendiam a apresentar imagens planas, livrando os artistas da obrigação de representar volume. Mas as exigências ilusionistas da perspectiva matemática significavam que o artista tinha que encontrar uma maneira de modelar uma pessoa ou objeto de forma a sugerir profundidade e volume. Se falhasse, todo o seu ambiente arquitetônico seria irremediavelmente prejudicado. É nesse ponto que o gênio de Piero se move de maestria matemática para proeza pictórica.

Depois de meses de especulação, experimentação, erros e reflexão, ele encontrou sua resposta a esta pergunta fundamental. Ela veio na forma de duas palavras simples e de poucas letras: luz e sombra. Com o uso criterioso de ambas, ele descobriu que poderia representar o volume de forma autêntica. Observe o homem no meio das três figuras posicionadas à direita e no primeiro plano de *A flagelação de Cristo*. Piero usou realces e sombreamento profundo com tal requinte para sugerir, com credibilidade, que a túnica vermelha está cobrindo uma figura tridimensional. Ele então enfatizou o efeito envolvendo a peça em torno dos contornos do corpo do homem, dando-nos uma sensação de volume inteiramente convincente.

Foi um início promissor, mas resolveu o problema apenas parcialmente. Havia mais trabalho a fazer. Por exemplo, como ele poderia fundir perfeitamente suas novas figuras volumétricas em sua paisagem tridimensional moderna? A perspectiva linear de Brunelleschi funcionava quando se tratava de criar uma sensação de espaço entre as pessoas, como podemos ver na relação de tamanho entre as três figuras em primeiro plano e Cristo e seus algozes. Mas não resolvia o problema de ter que harmonizar todos esses elementos.

A solução chegou a Piero com um nítido pensamento contraintuitivo. Fiel a Sócrates, ele rejeitou o impulso de aceitar e, em vez disso, desafiou seus próprios pressupostos.

Piero rejeitou o impulso de aceitar e, em vez disso, desafiou seus próprios pressupostos.

Se luz e sombra eram a resposta para criar a sensação de volume, poderiam ser também o caminho para fazer o contrário, isto é, para apresentar o espaço vazio?

Olhe novamente para *A flagelação de Cristo* e veja como o artista usou luz e sombra para criar uma sensação de profundidade. Isso é particularmente visível à direita da imagem, onde estão as três figuras em primeiro plano. A fonte de luz está acima de suas cabeças, logo à esquerda, como é revelado por suas sombras. Atrás deles, o telhado do pórtico aberto lança uma sombra no calçamento vermelho da praça. Atrás da sombra do pórtico, uma luz é mais uma vez visível, sugerindo que não existe nenhum edifício imediatamente atrás dele. Mas a jornada dos nossos olhos para a profundidade não termina aí. Alcançamos então um edifício de dois andares com incrustações pretas horizontais e uma sombra que o acompanha a sua direita. Só então é que vamos chegar à parede do fundo, por trás da qual, a meia distância, há uma árvore. A luz radiante do céu por trás dela transmite a impressão de campo aberto além, completando a ilusão de ótica.

O fato de que Piero tenha produzido uma pintura tão poderosa e significativa que os historiadores da arte ainda hoje discutam sobre alguns dos seus elementos é prova de sua incrível capacidade intelectual. Como Sócrates, ele percebeu que, quanto mais questionamos, menos certezas temos. Possibilidades imprevistas, permutações, contradições e equívocos se apresentam. Nada é certo; tudo é difícil. Mas é dentro desse turbilhão mental que um artista tem de tomar suas decisões.

Há, no entanto, alguns ganhos para compensar a dor. As decisões têm a validade de ser escolhas conscientes derivadas de uma investigação rigorosa. E isso dá à obra autoridade e vigor perceptíveis. O zelo se propaga.

O questionamento não torna a criatividade mais difícil. Ao contrário, traz clareza, concisão e pureza às nossas ideias.

O trabalho de Piero é tão ponderado e tão conceitual que convida o espectador a um diálogo socrático. Quanto mais olhamos, mais questões levantamos. Aqui estamos, mais de quinhentos anos depois, ainda nos perguntando sobre exatamente quem ou o que está sendo retratado. O que é extraordinário, quando se considera que a verdadeira estrela da pintura não são as pessoas, ou os edifícios, mas o espaço vazio.

No mundo bidimensional da arte medieval, o espaço não era um problema. Em termos aproximados, simplesmente continuava-se a adicionar elementos a uma imagem até que não houvesse nenhum lugar vazio na superfície. Mas, para a ilusão de perspectiva matemática ter sucesso, uma sensação de espaço era essencial. De fato, quanto maior o sentido de espaço, melhor a ilusão. Aqui estava um outro problema para Piero resolver.

Mais uma vez ele passou por um período de experimentação, antes de chegar a uma solução. Novamente, foi um contrassenso. A suposição natural poderia ser a de que uma pintura tridimensional exigiria mais elementos para preencher o "espaço" extra criado por uma paisagem que recua. Mas Piero assumiu o ponto de vista oposto. Em vez de adicionar elementos às suas pinturas, ele os removeu. Optou pelo que chamaríamos hoje de uma abordagem minimalista: a desordem tinha que ser eliminada. Menos era mais no mundo tridimensional de Piero.

A flagelação de Cristo, como acontece com muitas de suas pinturas, é despojada, contendo apenas o essencial. Harmonia e beleza reinam supremas, uma sensação que ele reforça com suas pinceladas finamente aplicadas, quase invisíveis, e gradações sutis de tons e cores. O resultado é uma cena sóbria quase a ponto de ser clínica, onde a luz preenchendo os amplos vazios se torna a força atmosférica dominante. Esse é o verdadeiro brilho de Piero. Ele pintou convincentemente o ar: a ilusão máxima.

E, ao fazê-lo, demonstrou que o processo de questionamento socrático foi concebido não para tornar a criatividade mais difícil e complicada, mas o inverso: para trazer clareza, concisão e pureza às nossas ideias.

6. Os artistas pensam no contexto mais amplo e no detalhe mínimo

Muito bem. Chegou a hora de nos concentrarmos no essencial. Enfrentar a dimensão prática do fazer, e o que ela requer. Não estamos falando de generalidades, tais como quanto trabalho árduo é necessário ou os benefícios de reunir uma equipe de colaboradores, que são fatores universais para realizar satisfatoriamente a maioria das coisas, criativas ou não.

Estamos falando de uma postura mental específica que é crucial quando se trata do ato de criar. É uma atitude que pode ser resumida em uma regra simples, mas exigente: pense sempre no contexto mais amplo e no detalhe mínimo.

"NÃO HÁ NADA PIOR DO QUE UMA IMAGEM NÍTIDA DE UM CONCEITO VAGO."

Ansel Adams

É ALGO QUE ocorre naturalmente a qualquer artista experiente, seja qual for seu campo de atuação. Vi um bom exemplo disso sendo colocado em prática alguns anos atrás, quando entrei na imensa O2 Arena em Londres pouco antes de começar um grande show de música pop. Eu perambulava por lá, procurando a sala de imprensa, e não estava tendo muita sorte. Comecei a me sentir como Alice no fundo da toca do Coelho antes de entrar no País das Maravilhas, perdido e rodeado de portas. Mas em lugar de surgir uma garrafa com o rótulo "Beba-me", encontrei uma placa dizendo "Entrada proibida", o que li como um convite.

Abri a porta, entrei e, como Alice, subitamente me senti muito pequeno. Lá estava eu, sozinho, dentro do poderoso auditório do estádio.

Momentos mais tarde, quatro figuras minúsculas surgiram de trás do imenso palco. Não reconheci os três que correram em direção a uma fileira de microfones em pé. Mas já tinha visto antes a pessoa que caminhou a passos largos até o centro do palco. Não na vida real, como estava vendo ali, mas em jornais e na televisão. Ela parou a uma pequena distância da beirada do palco, ajustou a altura do microfone e cantou os versos iniciais de "Rolling in the Deep".

Que voz. Que presença. Há uma razão para que Adele seja uma das cantoras mais apreciadas do mundo. Lá estava ela nesse auditório frio, cavernoso, cantando sua balada poderosa com toda a intimidade sincera de um Romeu cortejando secretamente sua Julieta. Ela era ao mesmo tempo uma cantora de grandes estádios e uma *crooner* de casas noturnas, preenchendo o enorme espaço como se fosse uma salinha fechada no segundo andar de um pub. Aqui estava uma artista oferecendo o contexto mais amplo, enquanto se concentrava no pequeno detalhe.

Agir desse modo não é tão fácil quanto Adele faz parecer. Requer que a mente faça constantes idas e vindas, ora preocupada com as minúcias, em seguida focando no contexto mais amplo. Gaste tempo demais com o detalhe mínimo e acabará perdido. Mas pense apenas no contexto mais amplo e não criará nada nem se conectará com nada. As duas coisas precisam trabalhar juntas, em sintonia. Se se separarem, sucede o desastre.

> **Gaste tempo demais com o detalhe mínimo e acabará perdido. Mas pense apenas no contexto mais amplo e não criará nada nem se conectará com nada.**

Pense em todos aqueles horizontes de cidades no mundo inteiro que foram arruinados por arquitetos e empreiteiros que consideraram apenas o terreno onde construíram seus edifícios, sem estudar suficientemente o entorno. Londres é um exemplo perfeito. É uma cidade cada vez mais repleta de edifícios corporativos incongruentes que vêm sendo espetados no que já foram elegantes ruas georgianas e carismáticos cais vitorianos.

Não precisava ser assim. Eu moro em Oxford, uma cidade que abriga inúmeros edifícios de excepcional arquitetura, alguns dos quais datam do período medieval. Mas também ostenta muitos elegantes edifícios modernos, projetados harmoniosamente não apenas para amoldar-se a seus ilustres vizinhos, mas em alguns casos para realçá-los. A biblioteca modernista de Giles Gilbert

Scott, com suas amplas fachadas que acenam para a sala de concertos neoclássica de Christopher Wren, do outro lado da rua, é um bom exemplo. E o projeto ultramoderno feito por Arne Jacobsen para o St. Catherine's College, em 1960, é para mim um dos mais belos edifícios da cidade histórica.

A criatividade, como a sociedade, prospera quando elementos individuais se ajustam em um contexto mais amplo e contribuem para melhorá-lo. Ernest Hemingway às vezes passava horas construindo uma única frase. Não porque estivesse tentando escrever a solitária e perfeita linha de texto, mas porque buscava fazer aquela sentença singular ligar-se adequadamente à anterior e conduzir à próxima com fluidez – e ao mesmo tempo acrescentar algo à sua história. Ele tinha em mente o contexto amplo e o detalhe mínimo.

Assim como os artistas. Mais obviamente, suponho, aqueles que produzem pinturas, nas quais um olho e um ouvido tanto para o todo quanto para a parte são pré-requisitos. Uma porção mínima de cor pode mudar radicalmente a aparência da mais ampla pintura. Cada pincelada é a execução de uma nota num concerto visual; qualquer erro é tão evidente para o observador quanto uma nota errada tocada por um dos membros de uma orquestra.

> A criatividade, como a sociedade, prospera quando os elementos individuais se ajustam em um contexto mais amplo.

É fascinante e esclarecedor visitar os artistas em seus ateliês. A oportunidade de conversar com um pintor ou escultor sobre seu trabalho é sempre reveladora. Pode ser também desconcertante quando o artista ou a artista em questão se levanta de repente e faz uma pequena alteração em seu trabalho. Essas situações não são incomuns. Os artistas estão sempre pensando na totalidade e no detalhe. Mas ninguém mais que Luc Tuymans.

O artista belga não é uma pessoa inclinada a olhar apenas para o próprio umbigo em termos artísticos. Isso arruinaria o seu trabalho. A atmosfera fantasmagórica pela qual suas pinturas são admiradas é planejada especificamente visando o espectador. É uma característica que o tornou um dos mais reverenciados e valorizados pintores contemporâneos.

Tuymans vive e trabalha em Antuérpia, cidade onde nasceu e cresceu. Seu ateliê fica numa ruela pouco conhecida próxima à grande obra-prima da prefeitura, que é a estação ferroviária central. O local de trabalho de Tuymans está bem longe de ser grandioso. Parece mais o depósito de um comerciante do que um ateliê de artista. Ao menos do lado de fora. Mas é só ultrapassar o portão cinza sem graça da entrada e você está em outro País das Maravilhas.

Um longo corredor sem ventilação sobe em direção a duas amplas portas de vidro, atrás das quais se encontra o ateliê. É um espaço enorme, no estilo armazém. Mas não é esse o seu traço mais extraordinário. É a luz. As paredes brancas desse amplo salão com planta livre são cobertas por uma luminosidade azul-prateada, uniforme, um efeito produzido em parte por sua proximidade com o mar do Norte, mas acentuado por uma fina película translúcida aplicada sobre os corredores de luz do teto.

O tempo estava horrível, cinza e encoberto, quando o visitei, mas a sensação de olhar para cima, por entre essas lâmpadas de teto, era a de que se poderia estar no Mediterrâneo em junho, de tão intenso e azul que parecia o céu.

Eu: Isso foi inteligente.
Luc: O arquiteto se enganou. A luz não deveria ser assim.
Eu: Do que você não gosta?
Luc: É azul demais. E no verão produz sombras.
Eu: Ah, mesmo assim.

O artista belga então acende o primeiro do que seriam muitos, muitos cigarros.

Eu: Você não se preocupa com o fato de que isso [o cigarro] pode te matar?
Luc: Não vou morrer disso.
Eu: Como você sabe?
Luc: Minha mãe fumou a vida toda. Não lhe causou nenhum mal. É genético.
Eu: Ah, mesmo assim.

O ateliê tem telas penduradas em todas as suas seis paredes. Algumas são pequenas, em torno de trinta centímetros quadrados. Outras bem maiores, entre 1,5 e 3,4 metros de comprimento. Estão todas esticadas em chassis (Tuymans nunca emoldura suas pinturas), exceto uma, que ele terminara um dia antes. É uma tela ampla, fixada informalmente com pregos na parede, dando a impressão de tratar-se de uma camiseta larga: as bordas encrespadas, contornos rasos formando ondas abaixo delas.

"UMA OBRA DE ARTE DEVE APONTAR EM MAIS DE UMA DIREÇÃO."

Luc Tuymans

Ela retrata um diorama, uma réplica em pequena escala de uma cena pintada em homenagem ao controverso trabalho tardio de Marcel Duchamp, *Étant donnés* (1946-66). É típico de Tuymans usar um fragmento de arte visual preexistente – pode ser uma fotografia, ou um recorte de revista – como base para sua invenção. É muito cedo para julgar a qualidade dessa pintura em particular; encontra-se ainda em estado bruto, e no entanto me pareceu bastante significativa. Não tanto a pintura em si, mas o que havia em torno dela.

Uma borda larga de tela vazia emoldurava essa pintura. Dentro dessas beiradas havia respingos e pinceladas de tinta consideráveis, a evidência normalmente não notada de que Tuymans usa o espaço externo da tela como paleta para misturar as tintas. Melhor que uma paleta tradicional, a margem da tela é mais cômoda, mais expansiva e convenientemente mais próxima da imagem. Isso significa que quando ele se afasta do detalhe fino da pintura propriamente dita, para avaliar o grande quadro que está criando, pode comparar com a imagem real e ver se misturou de modo correto sua tinta antes de aplicar a próxima cor.

E isso é especialmente importante para Tuymans. Não em termos estéticos, mas em relação à prática. Ele trabalha com muita rapidez. Todas as suas pinturas são começadas e terminadas num único dia.

Eu: Você alguma vez volta na manhã seguinte e faz mudanças?
Luc: Não.
Eu: Nunca?

Luc: Na realidade, não.

Eu: Por quê?

Luc: É um hábito.

Eu: Mas e se não estiver concluída?

Luc: Está concluída.

Eu: Como você sabe?

Luc [acendendo um cigarro]: Eu sei.

Ele pinta usando uma técnica conhecida como úmido sobre úmido, em que a tinta nunca tem tempo para secar. Isso dificulta as correções – as coisas podem ficar rapidamente emaranhadas – e faz dele um artista particularmente bom em obedecer ao processo de pensar ao mesmo tempo no todo e na parte. Porque o único modo de concluir com sucesso uma pintura de tamanha qualidade em apenas um dia é contar com um grande plano detalhado, preconcebido.

O ponto de partida para uma de suas pinturas não é o momento em que se levanta, com o pincel em punho, e toca a tela nua pela primeira vez. Nem é a noite anterior, enquanto reflete sobre as possibilidades durante o jantar. Ele começa meses – às vezes anos – antes, quando uma imagem aleatória captou seu olhar. Não sei quanto tempo ele ficou contemplando a homenagem a Duchamp, mas sei que a ideia dos três retratos que estão pendurados na primeira parede de seu ateliê surgiu meses antes de ele ter visitado Edimburgo.

Tuymans tinha viajado à capital escocesa no verão, quando seu famoso festival de arte ocorria a pleno vapor. Enquanto estava na cidade, foi à galeria Talbot Rice, da Universidade de Edimburgo, onde viu três retratos do século XVIII feitos pelo pintor escocês sir Henry Raeburn. Eram retratos de importantes pensadores do iluminismo escocês: William Robertson, John Robison e John Playfair. Tuymans pôs a mão no bolso, alcançou seu iPhone e tirou fotos deles.

Luc: Você quer vê-las?
Eu: Claro.
Luc: O que acha?
Eu: Estão um pouco desfocadas.
Luc: Eu adoro! É por isso que não atualizo meu celular.
Eu: Porque ele tira fotos ruins?
Luc: Sim!

Ele não estava sendo tacanho. Para uma pessoa cuja renda principal provém de fazer pinturas que parecem trazer um véu fantasmagórico, é útil ter um aparelho capaz de sugerir um efeito similar. Tuymans realmente faz coisas desfocadas. Raeburn não fazia.

Luc: A primeira vez que vi uma de suas pinturas foi numa galeria em Gent.
Eu: Ahn.
Luc: Ele pinta de um modo bastante direto.
Eu: Do que você gosta no trabalho dele?
Luc: A paleta escura. A simplicidade.
Eu: E os retratos?

Luc: São de iluministas escoceses.

Eu: Sim.

Luc: Racionalistas. Intocados pelo sistema de classes britânico.

Eu: Acho que todos tinham títulos de nobreza.

Luc [caminhando em direção aos retratos]: Está vendo o azul?

Cada um dos três retratos é feito como réplica aos originais de Raeburn, mas com modificações tuymanescas (ver caderno de imagens). A mais evidente delas é sua decisão de recortar e aproximar agressivamente as faces dos três senhores, retratando apenas seus narizes, olhos e bocas. Essa não foi uma escolha acidental, mas um procedimento planejado, inspirado em fotocópias ampliadas que ele fez dos retratos quando voltou da Escócia. Olhando para elas, percebeu que o processo de ampliar as imagens tinha feito com que as áreas onde a luz captava as cabeças das figuras, nas pinturas originais, se transformassem de branco em uma fria luz azul, mais marcadamente em torno dos traços fisionômicos.

O contexto amplo do passado pode sugerir o detalhe fino do presente.

Ele gostou desse efeito, e optou por empregar o azul como recurso pictórico para unificar a série. Daí vem a sua decisão de tomar por foco a área onde a transformação branco-azul era mais pronunciada. De fato, as pinturas de Tuymans foram feitas do detalhe fino dos retratos de Raeburn. E elas são notáveis. Na verdade, para mim, são bem mais poderosas que as originais. Tuymans fez com que esses grandes homens do século XVIII

Detalhes do estúdio de Luc Tuymans.

parecessem vívidos e contemporâneos: o contexto amplo do passado transportado para o detalhe fino do presente.

E é precisamente essa a reação que o artista belga espera provocar. Ele usou esse conjunto de três pensadores altamente respeitáveis como uma atração para as águas desconhecidas e insondáveis do "Mundo de Tuymans". Ele quer nos deixar apreensivos. Esse é o seu ponto de partida. Antes mesmo que ele considere produzir qualquer pintura, essa é a estrutura primordial à qual ela deve se ajustar: seu estilo. Esse é o contexto global que ele deve ter em mente quando for pintar o detalhe fino.

E uma parte vital da técnica de Tuymans é captar sua atenção enquanto você está desatento, por meio de pinturas que de início parecem mais efêmeras que etéreas. Quando você olha para os três retratos, eles não impressionam, parecem quase infantis em sua simplicidade. E então algo capta o seu olhar. Você não sabe o que é exatamente, mas há algo, com certeza. Você olha de novo.

E pronto, ele te pegou! Antes que você perceba, está hipnotizado por aquela pintura enevoada, olhando para além da sua superfície indistinta à procura de algo concreto e claro. Começa a se construir uma

> **"A criatividade é mais do que apenas ser diferente. Fazer o simples, incrivelmente simples, isso é criatividade."**
> **CHARLES MINGUS**

história em sua mente sobre esse personagem vagamente reconhecível, sobre quem você não sabe nada, mas que é misterioso o suficiente para fazê-lo querer saber mais. O artista usou a imaginação dele para estimular a sua.

Ele me contou como faz isso.

Luc: Toda pintura tem um ponto de entrada.

Eu: O que você quer dizer com isso?

Luc: Um pequeno detalhe que capta seu olhar e o conduz para dentro.

Eu: Preconcebido por você?

Luc: Certamente.

Eu: Como o quê?

Luc: Às vezes é invisível. O espectador não sabe dizer o que é. Pode ser uma linha muito fina, até mesmo uma rachadura mínima.

Eu: Você pode me mostrar em um dos retratos?

Luc: Sim, claro. Está aqui [ele aponta um dedo em direção ao olho esquerdo]. No topo da cavidade do olho. É muito mais escuro, mais intenso. Esse é o ponto de entrada, pode acreditar.

Eu acredito. É um artifício empregado por muitos pintores, de Jan van Eyck a Edward Hopper – ambos exerceram enorme influência sobre Tuymans. Mas talvez o maior expoente desse refinado engenho tenha sido outro pintor do norte da Europa, ativo no século XVII.

> **"Toda pintura tem um ponto de entrada. Um pequeno detalhe que capta seu olhar e o conduz para dentro."**
> LUC TUYMANS

Johannes Vermeer foi um dos grandes mestres da época de ouro holandesa. Ele vivia em Delft, a 120 quilômetros do ateliê de Tuymans em Antuérpia, ao longo da costa do mar do Norte. Não se sabe muito sobre ele, exceto que tinha uma esposa e muitos filhos, os quais ficaram arruinados devido às dívidas que o pai deixou quando morreu.

Ao contrário de Luc Tuymans, Vermeer trabalhava muito lentamente e produziu, em comparação com o primeiro, poucas pinturas. As que sobreviveram são excepcionais no tratamento da luz e da forma. Elas também se beneficiam dos toques sutis que ele acrescenta, e que atraem com um encantamento do tipo "beba-me". Podemos encontrar esses detalhes quase imperceptíveis em todas as suas pinturas, mas a que me cativou de modo mais irresistível foi *Moça com brinco de pérola* (1665) (ver caderno de imagens). Um pouco do seu magnetismo sem dúvida tem relação com a celebridade: uma jovem antes desconhecida é hoje famosa graças ao best-seller de Tracy Chevalier e ao filme subsequente.

> **As pinturas de Vermeer são excepcionais no tratamento da luz e da forma. Os toques sutis que ele acrescenta atraem o espectador para a tela.**

Mas o motivo pelo qual a tela é tão aclamada tem mais a ver com os segredos que ela guarda sobre a técnica do seu criador.

Até 1994, eles ficaram escondidos sob uma camada pálida de verniz amarelo que algum restaurador de arte bem-intencionado, porém equivocado, aplicou nos anos 1960. Felizmente a conservação – como o restauro de arte hoje é chamado – avançou bastante desde aqueles tempos soturnos de meados do século XX, quando danos irreversíveis foram causados a muitas obras importantes. Por sorte, não foi o caso dessa obra-prima de Vermeer, que agora retornou a algo que se aproxima mais da condição original.

Se há alguém que precisa estar constantemente pensando na obra como um todo e nos pequenos detalhes é o conservador, encarregado de fazer com que inestimáveis pinturas recuperem o seu antigo esplendor. O ofício envolve trabalhar centímetro por centímetro, recolhendo amostras, realizando testes e geralmente zelando por tudo com o cuidado de uma mãe que vigia o sono de seu bebê. Qualquer intervenção mínima afeta a tela inteira, física e visualmente. Não há espaço para erros, e é por isso que tudo que os conservadores fazem hoje em dia é reversível.

A equipe que trabalhou no restauro de *Moça com brinco de pérola* teve que remover o verniz ocre desbotado antes de retirar cuidadosamente os remendos de tinta preta acrescentados muito tempo após a morte do artista. Por fim, e depois de muito trabalho apurado, chegaram a uma imagem muito próxima daquela criada pelo mestre holandês. A "cirurgia plástica" da moça, realizada no fim do século XX, trouxe de volta a vibração da paleta viva do artista, com sua luz radiante ressurgindo das trevas. Mas alguma coisa não estava certa. Havia um reflexo pintado na parte inferior do brinco da moça que parecia um pouco óbvio, um pouco gratuito para Vermeer.

Quando muda o ponto de entrada da pintura, altera-se o modo como a lemos.

Os conservadores radiografaram a imagem, estudaram a área com uma lente e finalmente identificaram o problema. Vermeer, o mais judicioso dos artistas, não era o responsável pelo efeito desajeitado no brinco: tratava-se de uma lasca de tinta que caíra de outra parte do quadro e tinha sido descolorida por algum encorpador úmido que fora aplicado em um dos restauros anteriores.

Os técnicos cautelosamente removeram o fragmento ofensivo e então se afastaram para admirar o trabalho que haviam feito. E de repente ficaram admirados com o que viram. Não necessariamente com o seu próprio trabalho manual, mas pelo que podiam ver agora que o fragmento que antes atraía o seu olhar fora removido. O ponto de entrada da pintura havia mudado, o que por sua vez alterava a sua leitura.

Luc Tuymans teria ficado impressionado. O retrato de Vermeer não é de todo dissimilar àquele produzido pelo belga. Ambos os artistas jogam com a ambiguidade e o mistério, apresentando-nos personagens ficcionais que parecem reais. Eles olham para nós como se os conhecêssemos, ou como se nos conhecessem. É desconcertante. Os retratos de Tuymans são como visões do além-túmulo, enquanto a moça de Vermeer nos encara, implicando uma relação entre nós. É um olhar inocente? Ela é muito jovem. Mas aí chega o momento em que vemos o que os conservadores viram pela primeira vez em 1994.

No canto da sua boca há um ponto quase imperceptível de tinta rosa. É uma quantidade ínfima de pigmento, mas suficiente para atrair a atenção para os lábios dela, que estão sugestivamente separados. De repente, aqueles olhos inocentes parecem astutos, o brinco de pérola, sugestivo, o lenço azul, sedutor. O que era no início uma imagem graciosa se torna um retrato carregado de significados. Num instante, você pertence a ela, e bastou apenas uma minúscula gota de tinta rosa para capturá-lo.

Este é o ponto de entrada da magnífica pintura de Vermeer: um detalhe ínfimo que revela o contexto mais amplo. É estranho pensar que ele se perdeu por tantas gerações, forçadas a aceitar outro ponto de entrada – o realce no brinco – que nunca correspondeu à intenção do artista.

Os detalhes ínfimos de Vermeer revelam o contexto mais amplo.

Não posso imaginar tal coisa acontecendo com uma pintura de Luc Tuymans enquanto ele ainda estiver vivo. Ele é meticuloso em todos os aspectos de sua obra, tanto em relação à maneira como é feita quanto ao modo como é mostrada. Nada é deixado ao acaso.

Eu: O que é isso?

Luc [desdobrando uma folha de papel A3]: É uma planta.

Eu: Do quê?

Luc: O layout da minha próxima exposição, em que vou mostrar essas pinturas [ele aponta para mais ou menos dez telas penduradas na parede do ateliê].

Eu: Você já decidiu a disposição delas?

Luc: Certamente.

Eu: E os curadores?

Luc: Já mostrei a eles.

Eu: Você sempre planeja suas exposições?

Luc: Sim. É a primeira coisa que faço.

Eu: Depois que acabou de pintar, certo?

Luc: Não. Antes de começar.

Luc Tuymans planeja uma exposição inteira antes que seu pincel tenha tocado uma tela sequer. O que isso diz sobre a questão de se pensar o macro e o micro ao mesmo tempo? Aqui está um artista que concebe toda uma série de pinturas como uma totalidade, assim como um compositor escreve uma sinfonia. Cada imagem é colocada estrategicamente para acentuar uma nota específica num momento específico, para atrair o olhar de um modo particular. As cores que ele planeja usar em uma pintura – tal como o azul que unifica os retratos – são então reverberadas nas outras. Ele define temas, explora ideias.

Nesse estágio, é um arquiteto projetando um edifício – um exercício feito no papel. Esse é também um dos motivos pelos quais ele é capaz de trabalhar tão rapidamente quando começa, de fato, a produzir as pinturas. Ele já refletiu muito antes disso, desde escolher as cores das paredes onde vai pendurar as telas até decidir a escala de cada imagem em relação a sua localização física e à proximidade com a obra vizinha. Tudo é estabelecido com muita antecipação.

E só então Luc Tuymans parte para a tarefa de pintar. Uma tela é pregada à parede com uma imagem de referência em um dos lados. Há uma pequena mesa por perto, onde estão porções de tinta a óleo não misturadas, espremidas para fora dos tubos em ordem cromática. Ao lado, há uma escada de alumínio sobre a qual estão dispostos onze pincéis de cabo verde. Espalhados em volta veem-se velhos pedaços de tecido, solventes de tinta, uma fita métrica, um martelo e garrafas de água. Há uma única poltrona gasta, com a estrutura de madeira exposta em lugares onde o tecido que a recobre se rompeu e o estofamento se desintegrou.

Ele inicia todas as pinturas aplicando as cores mais claras. Isso pode levar até três horas. Essa é a etapa do processo durante a qual pode perder a confiança; isso, para ele, é perturbador. Este é o período em que ele se concentra apenas no detalhe e sabe que é o momento em que mais provavelmente irá se perder. Só quando começa a aplicar os tons escuros para criar os primeiros elementos de contraste, e uma forma reconhecível principia a aparecer, ele começa a sentir se a pintura vai ou não funcionar do modo como planejou. A maioria funciona, algumas não.

Luc Tuymans planeja uma exposição inteira antes que seu pincel tenha tocado uma tela sequer. O que isso diz sobre a questão de se pensar o macro e o micro ao mesmo tempo?

Durante todo o processo, ele mantém ao lado um fragmento de espelho quebrado, com tinta respingada por cima, que ele ocasionalmente usa para checar como a imagem aparece de diferentes ângulos.

Eu: Por que não se afastar um pouco e olhar?
Luc: Perco muito tempo.
Eu: Ah…

Ele não ouve rádio nem música; apenas se coloca diante da tela e pinta. Entra num estado em que para de pensar e deixa sua "inteligência passar para a mão". Imagino que o silêncio seja uma tentativa de estar em comunhão com suas pinturas, o que ele descreve como estar "mudo" e "embriagado". Ele diz preferir o efeito obtido com as tintas mais baratas, pois é mais imediato. O processo todo requer menos energia.

Quando o trabalho está terminado, ele vai para casa. Se não gosta do que vê na manhã seguinte, joga a tela fora. Se atende às suas exigências, pede a um assistente que a coloque num chassi, quando, segundo ele, a imagem muda: "ela se torna outra coisa."

Luc Tuymans é um especialista na arte de fazer, em entender como o contexto amplo e o detalhe fino devem interagir. Inclusive a ideia de conceber uma exposição inteira antes de pintar uma tela tem um pensamento maior por trás. Um pensamento maior que ilustra os níveis mínimos de detalhe com os quais ele lida.

Os artistas refletem muito sobre o contexto e o conteúdo antes de levantar uma caneta ou um pincel.

O motivo pelo qual ele planeja suas mostras como uma entidade única e coerente não tem justificativas inteiramente artísticas. Trata-se de uma tática para garantir que sua obra continue a ser mostrada em grandes museus por muito tempo depois que ele se for. Ele sabe que ninguém irá comprar todas as pinturas de uma exposição, e que o conjunto inevitavelmente será desmembrado e espalhado pelo mundo. Alguns trabalhos jamais serão vistos novamente, ficando trancados na reserva técnica de um museu ou atrás dos portões de segurança de algum oligarca.

Mas se eles forem apresentados como um conjunto de pinturas inter-relacionadas que só têm sentido de fato quando expostas conjuntamente, especula Tuymans, um dia um curador ambicioso se sentirá instigado a reuni-las para uma exposição especial. A solução para isso seria recolher todas as pinturas de seus vários esconderijos, retornando-as, e também Tuymans, ao olhar do público.

Nesse sentido, Tuymans é como qualquer outro artista ou indivíduo envolvido em fazer e criar coisas. Eles refletem muito sobre o contexto e o conteúdo antes de levantar uma caneta ou um pincel. A criatividade é como um jogo de xadrez, em que os melhores jogadores são aqueles que conseguem pensar em vários movimentos antecipadamente, sem perder de vista a situação imediata.

7. Os artistas têm um ponto de vista

Sabemos que duas pessoas não veem as coisas exatamente da mesma maneira. Peça a dez pessoas que descrevam uma cena que tenham visto ao mesmo tempo e nas mesmas condições e você terá dez descrições diferentes. Elas não vão necessariamente ser muito diferentes, mas serão diferentes o suficiente para serem identificáveis como entidades singulares.

Seria o mesmo se eu e você fôssemos ver um filme juntos. Nós sentaríamos e assistiríamos ao filme, mas não chegaríamos a conclusões idênticas sobre ele. Nossos julgamentos iriam diferir, com base em nossos filtros individuais e únicos, informados pelos nossos preconceitos e humores pessoais.

"UM OLHO VÊ, O OUTRO SENTE."

Paul Klee

É UM ASPECTO da nossa constituição como seres humanos que pode levar os fãs de esportes ao delírio, particularmente quando um árbitro percebe um incidente no jogo de uma maneira que contradiz a opinião dos fãs. Mas quando se trata de criatividade esta peculiaridade da nossa natureza é um dom a ser valorizado. Nossa ma-

Nosso ponto de vista é nossa assinatura.

neira única de ver induz às escolhas que fazemos, o que diferencia nosso trabalho de todo o resto do mundo. Nosso ponto de vista é nossa assinatura.

Cada decisão que tomamos em qualquer processo criativo – seja decorando o quarto ou projetando um vestido – é baseada em nossa opinião pessoal: pintura ou papel de parede, tomara que caia ou gola alta.

Um dos aspectos mais agradáveis da criatividade é o modo como celebra e recompensa nossas peculiaridades e idiossincrasias. As peculiaridades individuais, que muitas vezes são vistas pela sociedade como uma fraqueza, tornam-se uma força: uma característica definidora que dá um filtro único a nossa visão do mundo e ao modo como o mundo nos vê. E, como estamos todos propensos a ser rotulados em alguma medida, podemos também ter algum controle da situação.

Foi o que fez Alfred Hitchcock. Quando você ouve esse nome não pensa em filmes de entretenimento para toda a família, ou épicos intergalácticos de ficção científica; você o associa com tensos filmes de suspense. Seu ponto de vista era nos dar "um vislumbre do mundo que prova que o horror nada mais é que a realidade". Hitchcock acreditava que precisávamos e queríamos ser amedrontados, e que ele era o homem para fazer isso.

Sejamos claros, um ponto de vista não é a mesma coisa que um estilo. É o que você diz, não o modo como diz. E, no jogo da criatividade, não se é realmente um jogador a menos que se tenha algo a dizer. É um princípio que o pintor romântico francês Eugène Delacroix eloquentemente resumiu quando disse: "O que torna os homens geniais, ou melhor, o que inspira seu trabalho, não são novas ideias, mas sua obsessão com a ideia de que o que já foi dito não foi suficiente."

Os expressionistas alemães que saíram da Primeira Guerra Mundial com traumas mentais e físicos ilustram a definição de gênio de Delacroix. Otto Dix era um jovem pintor ingênuo quando a guerra começou; no início pensava tratar-se de uma coisa boa, e entusiasticamente alistou-se na artilharia. Foi enviado para a Frente Ocidental em 1915, e mais tarde para o Somme, no auge da ofensiva aliada.

Dix sobreviveu, mas adquiriu cicatrizes mentais e físicas por toda a vida. Ele assinalou o décimo aniversário da eclosão da guerra produzindo um ciclo devastador de gravuras chamado *A guerra* (1924). Elas são um relato e uma condenação implacáveis do que ele viu e participou. Morte, decadência e corpos contorcidos proliferam em imagens que se tornam ainda mais inquietantes pela escolha da técnica de gravura a água-forte, em que o ácido corrói a placa de impressão.

> **No jogo da criatividade não se é um jogador a menos que se tenha algo a dizer.**

Francisco Goya, de *Os desastres da guerra*, 1810-20.

Otto Dix, de *A guerra* [*Der Krieg*], 1924.

Dix adotou como modelo a série de gravuras de Goya, igualmente terrível, *Os desastres da guerra* (1810-20). O artista espanhol a produzira durante o longo conflito de seu país com o império francês de Napoleão, um século antes. Dix claramente sentiu que o que Goya tinha dito sobre a guerra não havia sido suficiente.

A mensagem pode ter sido a mesma, mas o mensageiro não era. Ambos os artistas tinham testemunhado a barbárie de um conflito violento, mas a viram de forma ligeiramente diferente. Goya é mais explícito em suas descrições visuais de atos de extrema violência, enquanto Dix concentra a atenção em seus desdobramentos e consequências imediatas.

Esta diferença ilustra a declaração de Delacroix sobre o gênio e, por extensão, a criatividade. Ele diz que o que importa não é a ideia central – ou assunto –, mas o fato de ser novo ou diferente o que um indivíduo é inspirado a dizer sobre esse assunto. E é aí que muitos de nós fracassamos.

Ter algo original para expressar é um dos maiores obstáculos a superar no processo criativo. Temos ouvido falar de bloqueio de escritores, mas a mesma perda de inspiração ocorre com artistas, inventores e cientistas. Assim, não surpreende que aqueles que não ganham a vida por meio da criação diária muitas vezes também possam desenvolver um vazio similar.

Ficar imobilizado é uma frustração que todo artista tem de enfrentar em algum momento. Mas, felizmente para eles e para nós, existem maneiras de superar esses bloqueios.

A ruptura ativa os sentidos, que são estimulados pelo desconhecido; você vê e experimenta a vida de forma diferente.

Um método que tem se mostrado repetidamente eficiente é mudar. A mudança de cenário literalmente altera seu ponto de vista: a ruptura ativa os sentidos, que são estimulados pelo desconhecido; você vê e experimenta a vida de forma diferente. Intensifica-se um impulso para capturar e expressar seus sentimentos – motivo pelo qual gostamos de tirar fotografias quando estamos longe de casa.

Você descobre assuntos que estavam previamente obscurecidos, e percebe de um novo modo aqueles com os quais já estava familiarizado. A mudança pode envolver troca de emprego, moradia ou cidade. Ou, no caso do celebrado artista contemporâneo Peter Doig, de continente.

Doig faz pinturas misteriosas, esparsamente povoadas, em geral ambientadas em paisagens em que uma ou duas figuras surgem de forma pouco nítida. Seus personagens normalmente parecem perdidos ou perturbados – o que suspeito que seja como o próprio artista se sinta de tempos em tempos.

Peter Doig teve uma infância itinerante. Nasceu na Escócia e passou alguns de seus primeiros anos em Trinidad. Em seguida, seus pais o levaram para o Canadá, onde ele cresceu. Mudou-se para Londres e entrou para a escola de arte no final dos anos 1970, retornou ao Canadá para morar em Montreal e em 1989 voltou a Londres, para estudar mais. Foi essa educação itinerante que lhe deu o impulso de explorar a qualidade indecifrável das paisagens em sua arte. Mas ele tinha um problema: não sabia o que queria dizer sobre elas.

Em relação a isso, ele era diferente da maioria dos artistas que se deslocam em busca de inspiração. Para a maioria, trata-se de encontrar um novo local que forneça uma nova e tão necessária fonte de material. O exemplo mais evidente disso é provavelmente Paul Gauguin e sua odisseia taitiana em fins do século XIX. A resposta do pós-impressionista francês ao seu novo ambiente foi típica de um artista em busca de uma musa. Ele descobriu com gratidão um tema emocionante, exótico e rapidamente produziu as imagens coloridas, estilizadas, que passaram a influenciar muitos artistas, inclusive Peter Doig.

Mas Doig, embora admirasse as pinturas de Gauguin, não desfrutava a mesma epifania e produtividade artística em resposta a um novo local. Pelo contrário, sentia-se criativamente ainda mais perdido. Portanto, embora estivesse feliz por estar em Londres entre outros artistas iniciantes, estava frustrado porque não conseguia encontrar nada original ou interessante para dizer sobre a cidade. Até que se viu na embaixada canadense no centro de Londres, onde folheou alguns folhetos turísticos dispostos na recepção. Eles exibiam a seleção normal de imagens batidas e idealizadas de vistas e cenários sublimes canadenses. Ele colocou-os de volta. E então... eureca!

Doig percebeu o que o estava impedindo. Não era a mudança para um ambiente novo que o inspirava, era mudar-se para um

> **Não era a mudança para um ambiente novo que o inspirava, era mudar-se para um antigo.**

antigo. Ou, como ele me disse: "Tenho que partir de um lugar antes que possa pintá-lo." Ele havia descoberto seu ponto de vista.

Doig voltou ao seu estúdio londrino e começou a pintar. *Hitch Hiker* (1989-90) foi uma das primeiras imagens que surgiram. Retratava um enorme caminhão vermelho a meia distância viajando para o Oeste. Suas luzes estão acesas, o céu sugere uma tempestade iminente e a paisagem é aberta e vasta. E vazia, salvo algumas árvores distantes. O epônimo mochileiro não é visto em lugar nenhum.

Peter Doig, o Artista, surgira. Agora tinha o que, segundo ele, todos os artistas precisam, que é "algo com que se ocupar". Seu "algo" era um tanto mais complexo do que pintar paisagens canadenses atmosféricas. Em retrospecto, o que realmente queria dizer não era sobre nenhum lugar em particular: o Canadá estava apenas cumprindo o papel de mensageiro. A mensagem era sobre memórias. Não lembranças sentimentais, mas a própria noção de memórias: o que são, o papel que desempenham e o hábito que elas têm de derivar em uma colagem de experiências.

A paisagem que estava explorando de fato era metafísica, o espaço etéreo que separa o real e o memorizado. Estranhamente familiares, surreais ou misteriosas, as pinturas de Doig nos levam a um lugar que tem a aparência de realidade, mas é na verdade uma ilusão, que só existe em nossa mente – como memórias.

Doig disse que "passou de um estágio em que sentia não ter nenhuma ideia para outro em que tinha inúmeras ideias. Consegui essa inspiração que nunca poderia ter imaginado".

Uma vez que o bloqueio criativo é suspenso e descobrimos o que queremos dizer e expressar, muitas coisas que nos pareciam banais – os aspectos mundanos da vida cotidiana – tornam-se potenciais fontes de estímulo criativo. É um truísmo que foi passado a Nora Ephron – a jornalista norte-americana, ensaísta e roteirista – pela mãe, que disse: "Tudo é cópia."

Até mesmo esquiar. O fato de a maioria dos artistas ter optado por ignorar, por mais de um século, um passatempo tão popular em todo o mundo como o esqui é uma incógnita. Demasiado burguês, talvez? Se for, esse é exatamente o tipo de dogma que Doig gosta de contrariar e questionar. Além disso, como acontece com qualquer tema negligenciado, o caminho estava livre para quem quisesse mergulhar nele.

Quando descobrimos o que queremos dizer, a vida cotidiana se torna uma fonte potencial de estímulo criativo.

Ski Jacket (1994) (ver caderno de imagens) apresenta muito mais figuras humanas do que é habitual em suas pinturas. É uma imagem repleta de pessoas esquiando, embora nenhuma delas seja reconhecível como tal. Os indivíduos são representados por uma massa de pequenos pontos coloridos com fragmentos microscópicos para as pernas. A peça central da imagem é um bosque escuro e denso de pinheiros, que nos atrai com toda a energia negativa irresistível de um buraco negro. Dessas trevas irradia uma explosão incandescente de brancos, rosa e amarelos. Doig está aludindo à forma extrema de visão que experimentamos quando esquiamos: uma espécie de viagem psicodélica alimentada pela luz brilhante, roupas de esqui Day-Glo e óculos de proteção com filtro.

Mas suspeito que o assunto da pintura não seja realmente o esqui, de maneira alguma. Pelo contrário, a pintura é sobre ser Peter Doig, sobre ser humano. É uma contemplação visual de uma sensação universalmente desconfortável que todos nós conhecemos muito bem: o sentimento de inaptidão. Aquelas figuras pontuais são esquiadores de primeira viagem lutando montanha abaixo no Japão: alegres, mas constrangidos.

É uma pintura retrospectiva, semificcional, projetada para desorientar e talvez transmitir e refletir sobre a natureza perturbadora das mudanças. Transitoriedade, memória e atmosfera parecem ser os temas de Doig. Em 2002, ele se mudou de Londres para Trinidad, um de seus postos de parada na infância. E permanece lá, por enquanto. Talvez se mude de novo se e quando se sentir bloqueado.

Evidentemente, não é preciso viver como um nômade para encontrar um assunto inspirador, nem mudar de continente com regularidade para gerar um sentimento de nostalgia e desorientação. Foi o que Rembrandt van Rijn descobriu.

Sei que parece improvável para um artista tão prodigioso e tão prestigiado, mas diz-se que o mestre holandês também sofreu de um bloqueio criativo. Segundo estudiosos, isso aconteceu em 1642, no auge do sucesso do artista, que estava feliz no casamento, era respeitado profissionalmente e tinha se estabelecido em uma esplêndida casa em Amsterdã recém-comprada. A vida estava boa. Ele era "o" retratista dos ricos e influentes, entre os quais estava uma empresa local de guarda-civil que o contratara recentemente para pintar um retrato de grupo que viria a ser conhecido como *A ronda noturna* (1642). O que poderia dar errado?

Muita coisa, como se viu. Começando com a morte de sua amada esposa, Saskia. Ela foi o grande amor de Rembrandt, e com sua morte uma melancolia incurável caiu sobre o pintor. Para piorar seu estado de espírito, alguns dos modelos de *A ronda noturna* teceram comentários maldosos, reclamando que suas características haviam sido mal pintadas. O insulto foi agravado por um pequeno grupo de jovens pintores em Amsterdã, que copiava o estilo de Rembrandt e agora tomava seus clientes.

O dinheiro começou a secar, situação que se agravou quando a enfermeira empregada para cuidar de seu filho o processou por não se casar com ela. Para aumentar os problemas do artista, sua obra-prima *A ronda noturna* acabou por ser o ápice de um estilo de pintura teatral, repleta de ação, que ele explorara durante os últimos vinte anos, e que o deixara desprovido de ideias. Ele tinha 36 anos, sentia-se miserável, solitário e não tinha mais nada a dizer. Rembrandt estava tendo uma crise de meia-idade.

É tarefa do artista prestar atenção nos sinais, confiar em seus sentimentos e instintos.

Ele havia perdido o rumo; já não tinha um ponto de vista. A exuberância que havia marcado sua vida e sua arte se fora. Ele se recolheu para um estado cada vez mais introspectivo. Mas em sua angústia estava a solução para o impasse criativo. Ele descobriu que quanto mais fundo descia em seu estado miserável, mais agudamente sentia suas emoções. Os copistas o deixavam furioso, a alta sociedade o irritava e a memória de Saskia o assombrava.

Rembrandt van Rijn, *A ronda noturna*, 1642.

Rembrandt reconheceu que a inspiração vem sob muitas formas, e é tarefa do artista prestar atenção nos sinais, confiar em seus sentimentos e instintos. Ele fez isso. E descobriu um novo tema sobre o qual ele tinha um ponto de vista muito claro: a natureza melancólica do envelhecimento.

Ele respondeu a este novo estímulo adaptando seu estilo. As pinceladas refinadas que lhe tinham servido tão bem foram postas de lado, em favor de uma técnica mais expressiva. O novo e desesperado Rembrandt iria carregar o pincel e aplicar a espessa tinta a óleo a sua tela com movimentos impetuosos e pinceladas enfáticas. A mudança deu a seus quadros maior dimensão e peso, em termos simbólicos e literais. Ele também distinguiu seu trabalho em relação ao de qualquer outra pessoa – este era um estilo único resultante de um tormento interior, algo que não poderia ser facilmente plagiado.

> **Rembrandt descobriu um novo tema sobre o qual tinha um ponto de vista muito claro: a natureza melancólica do envelhecimento.**

Rembrandt havia escapado de um beco sem saída artístico por uma via que não poderia ter imaginado um ou dois anos antes. A vulnerabilidade da alma humana era um tema que iria explorar pelo resto da vida, em pinturas de cenas religiosas, águas-fortes e encomendas. Mas são os quinze autorretratos que pintou nas duas últimas décadas de vida que comunicam de modo mais forte e consistente a tristeza interior e a dignidade exterior que vieram com sua idade avançada.

Nenhum deles é mais comovente que o seu *Autorretrato* (1669) (ver caderno de imagens). Nele vemos como Rembrandt se viu poucos meses antes de morrer. Seu rosto é de uma resignação hostil. Suas perdas de meia-idade haviam sido agravadas pela falência, a morte de sua amada e mais dolorosamente a de seu filho Titus. Mas por baixo de seus cabelos grisalhos e encaracolados, dos olhos remelentos e do nariz bulboso, há uma leve contração nas bordas externas da boca, sugerindo um sorriso hesitante. Seria o artista expressando uma atitude corajosa ou mostrando-nos que, neste capítulo final de sua vida, finalmente haviam chegado boas notícias, por exemplo na forma de uma neta tão desejada?

Rembrandt trabalhou até o fim da vida sem nunca ter dado um passo atrás. Com seu último autorretrato, vemos um artista ainda disposto a inovar, a assumir riscos, a fazer uma autocrítica honesta e ser franco sobre o que pensa. Ele transformou a introspecção em uma forma de arte, e o autorretrato em uma expressão comovente e filosófica da humanidade.

Nada disso teria acontecido se Rembrandt tivesse feito pinturas imparciais ou impessoais. A opinião é o que o fez avançar, e é o que compele qualquer um de nós a fazer algo excepcional e diferente. Se quisermos que nossas ideias sejam vistas e ouvidas, é essencial que tenhamos um ponto de vista e algo a dizer.

> **"Temos que seguir pulando dos penhascos continuamente e desenvolvendo nossas asas na descida."**
> **KURT VONNEGUT**

Mas o que dizer daquelas pessoas que não são vistas ou ouvidas, pessoalmente ou através de representação? Elas são invisíveis? Sim, é isso mesmo, de acordo com o artista americano Kerry James Marshall. Esse é o seu ponto de vista.

Marshall é um homem negro que se viu no mundo dos brancos quando adentrou o domínio da arte ocidental. Era um ambiente no qual ele se sentia não apenas fora de lugar, mas totalmente inexistente. Quando se aproximou dos museus e galerias de arte na condição de jovem aluno do Otis Art Institute, em Los Angeles, teve uma enorme sensação de ausência. Descobriu que quase não havia temas da raça negra representados em toda a história da arte ocidental, nem conseguiu encontrar artistas negros que tivessem sido incluídos nessa história.

Antes dessas visitas, Marshall estava se debatendo para encontrar um tema que quisesse pintar. Na ocasião, não sabia exatamente o que tinha a comunicar – se é que tinha algo. Agora ele já sabia. Peter Doig encontrou inspiração em espaços físicos, Rembrandt em lugares pessoais: a de Marshall foi na política racial.

Assim que se formou, ele encontrou um ateliê e começou a trabalhar. A ideia era simples, inserir pessoas negras no cânone ocidental. Ele passara a vida toda sendo orientado a apreciar pinturas sobre pessoas brancas feitas por artistas brancos; considerava que seria razoável esperar alguma reciprocidade.

Marshall sabia que não seria fácil. Havia testemunhado em primeira mão a marginalização dos negros na cul-

> **Se quisermos que nossas ideias sejam vistas e ouvidas, é essencial que tenhamos um ponto de vista e algo a dizer.**

tura branca, tendo crescido no sul dos Estados Unidos no final dos anos 1950 e início dos anos 1960. Seus pais, posteriormente, mudaram-se com a família para Los Angeles em 1963, estabelecendo-se no mesmo bairro onde ocorreriam os violentos tumultos de Watts, alguns anos mais tarde.

As artes em geral têm sido lentas em reconhecer e incorporar vozes não brancas, não ocidentais. Levou meio século para Hollywood produzir um filme biográfico sobre Martin Luther King, o que finalmente se concretizou com *Selma* (2014). O ator britânico David Oyelowo, que interpretou Luther King no filme, me disse que, em sua opinião, o jogo é "todo armado".

É contra isto que Marshall lutava – e ainda luta – em sua busca pela representação negra na arte ocidental. Não obstante, ele continua jogando o jogo, e com algum sucesso. O prestigiado museu Lacma em Los Angeles foi a primeira grande instituição a comprar uma de suas pinturas: um grande retrato de grupo chamado *De Style* (1993, ver caderno de imagens). O título é uma referência ao movimento de arte abstrata De Stijl, fundado por Piet Mondrian e outros holandeses no início do século XX, mas não há nada de abstrato na pintura de Marshall.

Ela é ambientada em uma barbearia afro-americana onde se encontram quatro clientes e um barbeiro, todos negros. As iconografias da cultura afro-americana popular são abundantes na tela. Linhas horizontais e verticais aludem à estética modernista de

Marshall produziu obras de arte muito boas por ter um ponto de vista específico, pessoal.

Mondrian, assim como a paleta da pintura, que consiste basicamente das cores primárias, amadas pelo holandês.

Você pode pensar, então, que Marshall estava tentando colocar sua pintura no cânone modernista ocidental. E estava, em parte. Mas seu objetivo final é alinhar sua arte com as grandes obras produzidas pelos grandes mestres. Sim, com *De Style* ele impôs sua arte à história do modernismo europeu, que é dominado por homens brancos, ocidentais.

Mas a pintura à qual ela mais me remete é *A ronda noturna*. As alusões ao quadro são formais e sutis. Rembrandt, por exemplo, pinta suas figuras brancas emergindo de um fundo negro com um primeiro plano iluminado. Marshall inverte a ênfase da composição, fazendo suas figuras negras surgirem de um fundo branco com um primeiro plano negro.

A pintura é um exemplo do talento e da inteligência do artista americano, que se tornou figura proeminente no mundo da arte. Quando visitei seu ateliê em Chicago, ele estava cheio de pinturas impressionantes que aludiam a outros mestres do passado, de Manet a Velázquez – todas tinham sido criadas na América moderna e exibiam apenas pessoas negras. Seis meses depois, estavam penduradas na novíssima galeria em Mayfair de seu negociante de arte em Londres. Foram todas vendidas por somas significativas, algumas, creio eu, para esses mesmos museus que ele visitara uma vez e onde não encontrara nada do mundo que conhecia.

Marshall produziu obras de arte muito boas por ter um ponto de vista específico, pessoal. É uma distinção que atravessa sua vida, como descobri quando, por engano, bati à porta de sua casa antes de encontrar seu ateliê poucos quarteirões abaixo, na mesma rua.

Sua esposa, a atriz Cheryl Lynn Bruce, atendeu à porta. Não conseguiu disfarçar sua irritação quando apareci na casa de Marshall em vez de ir para o ateliê do artista, como planejado. Ela me interrogou, verificou minhas credenciais e depois de um tempo gentilmente me convidou para entrar.

Eu gostaria de comer uma fatia do bolo que ela acabara de fazer?

É claro.

Ela apontou para uma prateleira acima da pia com pratos empilhados verticalmente. "Escolha um", disse. Devo ter parecido perplexo. "Escolha um prato", repetiu ela. E então explicou que colecionava pratos, mas sempre apenas um de cada tipo. O convidado deveria decidir qual deles lhe pertenceria durante sua estada. "Nós não somos robôs", disse. "A vida é mais emocionante quando você tem uma opinião."

8. Os artistas são corajosos

A coragem é uma qualidade que tendemos a associar com o conflito. Nós honramos os soldados por serem corajosos e tratamos as estrelas do esporte como heróis quando enfrentam um adversário superior e vencem. Davi é uma lenda por ter vencido Golias.

É em circunstâncias extremas que essas pessoas corajosas mostram seu vigor. Elas vão aquele tanto mais longe, correm riscos que a maioria de nós não iria correr e se expõem a perigos que outros iriam evitar. Suponho que a forma suprema desse tipo de coragem seja o heroísmo daqueles que arriscam suas próprias vidas para salvar outras pessoas. Mas há outro tipo de coragem...

"É PRECISO TER CORAGEM PARA CRIAR O SEU MUNDO EM QUALQUER UMA DAS ARTES."

Georgia O'Keeffe

HÁ UMA FORMA de coragem que se baseia no mesmo princípio – vulnerabilidade pessoal –, mas não expõe o protagonista a um perigo físico imediato. É a coragem psicológica necessária para se colocar – por vontade própria – diante de um público potencialmente hostil e expressar seus sentimentos e ideias.

Sobre esse tipo de bravura, a lendária designer de moda Coco Chanel declarou: "O ato mais corajoso ainda é pensar por si mesmo. Em voz alta."

É isso que os artistas fazem, mesmo que fiquem expostos. Eles estão, de certa forma, despidos perante o mundo, dizendo: "Olhem para mim!" E fazem isso quando não estão inteiramente certos de que o que produziram é bom. A criatividade, como disse Henri Matisse, "demanda coragem".

Ninguém quer fazer papel de tolo em público, correr o risco de sofrer humilhação na frente de amigos, familiares ou estranhos. Somos programados para não nos colocar em tal posição. Nascemos com uma inclinação para a insegurança, sobretudo quando se trata de criatividade. A dúvida está lá para nos deter naqueles momentos em que nos sentimos confiantes – ou

É preciso ter coragem psicológica para se colocar diante do público e expressar seus sentimentos e ideias.

tolos – o suficiente para colocar os frutos de nossa criatividade na linha de fogo da crítica. É nesse momento que a nossa modéstia intervém e nos impede de nos expor à vergonha.

No momento, sentimos isso como um alívio. Chegamos até a nos sentir muito bem. A humildade, afinal de contas, é uma quali-

"O ATO MAIS CORAJOSO AINDA É PENSAR POR SI MESMO. EM VOZ ALTA."

Coco Chanel

dade honrosa. Mas nem sempre no que toca à criatividade, quando a humildade pode ser nada mais que um grande armário atrás do qual se esconder. Por mais intimidadora e inatural que possa parecer, a ousadia é necessária para liberar ideias ao mundo, mesmo sob o risco de parecer alienado e arrogante. Quer dizer, quem estou pensando que sou? Algum tipo de gênio? Certamente há pessoas muito mais talentosas do que eu por aí que merecem atenção...

E é assim que funciona: a humildade aplica o freio de mão à nossa criatividade. Na verdade, nos acovardamos. Gostaríamos de compartilhar nossas ideias e originalidade com o mundo, mas não nos atrevemos. Esse é o tipo de comportamento a que Aristóteles poderia estar se referindo quando disse: "Você nunca vai fazer nada neste mundo sem coragem."

O fato é que, para criar, é preciso um ato de fé; não apenas em si mesmo, mas também em seus colegas. Você tem que confiar que o mundo vai julgá-lo de forma justa. Sim, você vai receber críticas. E, sim, vai doer. Às vezes muito. Você pode muito bem ouvir um coro de desaprovação.

Mas esse sentimento de rejeição provavelmente não será maior do que o que qualquer outra pessoa tenha sofrido; considere-o um rito de passagem. Todos nós conhecemos as histórias sobre como os Beatles foram recusados e como inúmeras editoras rejeitaram J.K. Rowling. Isso os deteve? Não. Isso aumentou sua determinação? É claro. Como alentou Virgílio: "Seja abençoada a sua coragem, menino; esse é o caminho para as estrelas."

Foi certamente o caminho para um artista italiano de 32 anos chamado Michelangelo Buonarroti. Ele pode muito bem ter tido as palavras de coragem de Virgílio soando nos ouvidos enquanto se equilibrava em algum andaime de madeira no meio de Roma, a mesma cidade onde o poeta ancião dissera suas sábias palavras mais de um milênio antes.

Era 1508, e o brilhante e tempestuoso Michelangelo não estava feliz. Seu patrono onipotente, o papa Júlio II, tinha cancelado recentemente uma lucrativa encomenda para que ele esculpisse o túmulo papal. O artista ficou furioso, deixou Roma e voltou para casa em Florença.

Um misto de intimidação e lisonja por parte do papa Júlio o fizeram voltar, apenas para descobrir que uma atmosfera rancorosa tinha se instalado dentro da corte papal. Michelangelo suspeitava – com razão – que Donato Bramante, arquiteto favorito do papa, estava tentando demiti-lo em favor de um jovem que despontara recentemente e vinha tendo uma ascensão meteórica, conhecido por todos como Rafael.

Michelangelo esperava que, com seu retorno, recuperasse a encomenda para o túmulo, um trabalho dos sonhos para ele. Mesmo para um escultor tão habilidoso e rápido como ele era, a tarefa teria levado ao menos vinte anos para ser concluída. E isso, para um homem com seus trinta anos no início do século XVI, era equivalente a um emprego para o resto da vida. Mas não era para ser. O papa tinha outra tarefa em mente para ele, o que levou ao extremo a paranoia de Michelangelo em relação ao conluio entre Bramante e Rafael.

> **"Seja abençoada a sua coragem, menino; esse é o caminho para as estrelas."** VIRGÍLIO

O tio de Júlio II, Sisto IV, tinha construído uma esplêndida nova capela quando havia sido papa algumas décadas antes. Era um belo edifício, devidamente nomeado em homenagem ao pontífice nepotista. Mas na época em que Júlio subiu ao poder a Capela Sistina já tinha começado a deteriorar-se de tal forma que se faziam necessários grandes reparos em sua estrutura. Uma área particularmente afetada era o amplo teto abobadado, suspenso a vinte metros do chão.

O papa tinha muitos defeitos, mas a falta de gosto não era um deles. Júlio era um esteta e fervoroso paladino das artes, e assim determinou que esse edifício tão importante e sagrado merecia ter um teto pintado à altura. Deu instruções para que recebesse afrescos com doze grandes figuras dos apóstolos, dizendo que Michelangelo era o homem para a tarefa.

Mas quando o despótico Júlio deu a notícia ao impetuoso florentino – que não era conhecido pela falta de confiança em si mesmo –, este reagiu de modo inesperado e indesejado. Michelangelo olhou nos olhos do único homem em Roma a quem nada deveria ser recusado e disse não. Ele não pintaria o teto da Capela Sistina, nem a nave, nem suas paredes. Ele era um escultor, não um pintor. E não era definitivamente um pintor de afrescos, especialidade que escolhera não seguir depois de ter praticado a técnica de forma rudimentar durante seu aprendizado.

O papa suspeitou que Michelangelo estivesse sendo insolente porque havia cancelado a encomenda do túmulo. E provavelmente esse era um dos motivos. Mas a principal razão pela qual Michelangelo reagiu de modo tão furioso foi porque de fato não se achava capaz de fazer o trabalho. Ele não se considerava um pintor. E mais, suspeitava que Bramante e Rafael tinham persuadido o papa a lhe dar uma responsabilidade além de suas habilidades justamente para vê-lo falhar.

Assumir a Capela Sistina significaria arriscar tudo por uma encomenda que ele não queria nem se sentia qualificado para realizar.

Parece difícil de acreditar, considerando o que sabemos agora, mas Michelangelo estava em uma posição semelhante à de todos nós quando assumimos uma nova tarefa criativa. Ele estava aterrorizado. Tinha muito a perder: seu status como o melhor artista na região, seu meio de subsistência e, pior de tudo, sua autoconfiança. Assumir a Capela Sistina significaria arriscar tudo por uma encomenda que ele não queria nem se sentia qualificado para realizar.

E, no entanto, ele acabou aceitando.

Poderíamos deduzir que ele percebeu que não tinha escolha, mas na época sua reputação era tal que ele já tinha uma lista enorme de encomendas para quando terminasse o trabalho para o papa. Afinal, este era o homem que recentemente dera ao mundo o *Davi*, sua obra-prima escultural. Ele poderia ter inventado pretextos, mas não fez isso. Assumiu um desafio tão grande quanto o que seu Davi petrificado aceitara de Golias. Sua decisão não foi forçada; foi um ato de coragem.

No começo, ele tentou mitigar o risco contratando pintores locais respeitáveis. Mas eles ou eram muito lentos ou não atendiam aos seus padrões. Ele então trabalhou sozinho, desde a concepção do andaime. E quando conseguiu posicionar-se e elevar-se próximo ao teto, viu a verdadeira extensão dos problemas técnicos e artísticos com que iria se deparar. Neste ponto, tentou renunciar mais uma vez.

Ele voltou ao papa e disse que era impossível; que não poderia fazê-lo. Afresco pintado em um espaço tão enorme, com tinta fresca e gesso gotejando em seus olhos, ouvidos e boca, e então secando antes de a composição estar completa, era uma tarefa muito difícil. Além disso, havia as idiossincrasias arquitetônicas problemáticas do teto da capela e as inadequações do projeto que o próprio papa Júlio havia especificado para o espaço.

Júlio ouviu todas as preocupações e reclamações de Michelangelo e as rebateu uma a uma. Incluindo a questão de como deveria ser o esquema visual global, ao que ele francamente disse ao artista para pintar "o que quisesse".

Talvez resignado com o fato de que a capela seria a cena de sua humilhação pública, Michelangelo parece ter decidido que, se a encomenda estava destinada a ser vista como um fracasso, era melhor que fracassasse de modo espetacular. Sendo assim, concebeu para o teto um projeto tão complexo e tecnicamente difícil que ninguém poderia questionar sua ambição, mesmo se ridicularizassem o resultado final. Ele iria retratar na pintura a história da Bíblia de um ponto de vista católico apostólico romano, com os principais eventos ocorrendo ao longo da espinha dorsal do teto. Seria composta por nove cenas do Gênesis, começando com Deus separando a luz e as trevas e terminando com um Noé bêbado e desonrado. Sua peça central enfocaria a Criação.

Pelos quatro anos seguintes Michelangelo pintou dia e noite, dormindo pouquíssimo, quase não bebendo e, segundo consta, não se preocupando muito em se lavar. Passava todo o tempo em seu andaime de madeira, o rosto horizontal ao teto, a cabeça inclinada para trás, braços erguidos. Isto teria causado desconforto físico e exaustão mental à maioria de nós. Mas não a Michelangelo. Em outubro de 1512, agora com quase quarenta anos, ele completou sua maratona. Desmontou o andaime, tomou um banho, uma bebida, e convidou o papa e sua corte para ver o que ele – o pintor de afrescos amador – tinha conseguido.

Michelangelo decidiu que se a encomenda estava destinada a ser vista como um fracasso, era melhor que fracassasse de modo espetacular.

Deve ter sido um momento incrível para todos os presentes: Michelangelo ao ver a reação da comitiva do papa, e eles ao verem seu trabalho. Considerando que as cores, composições, ambição e escala do trabalho continuam a deixar os visitantes maravilhados ainda hoje, só podemos imaginar o espanto da comitiva papal. Nada como aquilo havia sido produzido antes, ou foi produzido desde então. O absoluto virtuosismo da pintura de Michelangelo, aliado a sua técnica exemplar, compreensão total da perspectiva e imaginação vívida, é deslumbrante e incomparável.

O artista tinha enfrentado com êxito seus inimigos, suas próprias deficiências técnicas, sua insegurança, e assumira um enorme risco, pelo qual todos estamos gratos. Para voltar a Virgílio, o mundo abençoou a coragem de Michelangelo e seu caminho para as estrelas.

Mas não devemos esquecer que essa história tem um outro herói, outro protagonista destemido. A criatividade não existe de maneira isolada. Ela precisa de um ambiente acolhedor onde possa florescer. E muitas vezes isso significa ter um patrono ou um incentivador que irá proteger, possibilitar, persuadir e instruir. Não haveria teto da Capela Sistina, para o deleite de todos nós, se não fosse pela persistência obstinada do papa Júlio II e sua fé inabalável no talento de Michelangelo.

> **A criatividade não existe de maneira isolada. Não haveria teto da Capela Sistina se não fosse pela persistência obstinada do papa Júlio II.**

Enquanto Michelangelo se preocupava com tramoias sinistras sendo armadas contra ele por Bramante e Rafael, o papa se contentava em confiar no seu próprio julgamento. Ele acreditava que Michelangelo era o único homem para assumir a Capela Sistina, embora soubesse que Bramante duvidava dele. Pode ter sido um megalomaníaco arrogante – não tão diferente de seu empregado voluntarioso –, mas era também um visionário, cuja percepção e coragem para apoiar seu escolhido deu ao mundo uma das suas obras-primas mais duradouras.

Michelangelo é um exemplo para todos nós. Qualquer um que queira explorar novas ideias deve ser ousado. A sociedade põe enorme pressão sobre nós para nos conformarmos. Isso pode ser visto em alguns sistemas acordados aos quais todos aderimos. Nós obedientemente conduzimos nossos carros em um lado estabelecido da rua, usamos dinheiro como o modo aceito de troca por bens ou serviços e pacientemente enfrentamos filas. Se não respeitássemos essas convenções sociais, poderia ocorrer o caos e a sociedade entraria em colapso. Mas há um problema.

O status quo não é fixo. Como no planeta em que vivemos, a mudança é a única constante. As pessoas se mudam, o poder se alterna, e assim surgem oportunidades. As sociedades evoluem. Os mais conscientes entre nós, ou aqueles com conhecimentos especializados, podem sentir esses ajustes e oportunidades e responder adequadamente. Os cientistas fazem descobertas com base em uma pequena fração de novas informações disponibilizadas em algum campo não relacionado. Empresários identificam rapidamente novas aberturas de mercado. E os artistas modificam seus modos de expressão para refletir uma nova era.

Todos os três grupos são alimentados pela imaginação; todos contam com a criatividade para instruir suas ações. E todos terão de enfrentar desafios ao realizar suas ideias: a sociedade é muito cautelosa quando se trata de novos conceitos, que num primeiro momento tendemos a negar. Pode parecer um contrassenso que sejam os artistas, entre todas as pessoas, aqueles que mais tenham de lutar contra o dogma predominante e as atitudes conservadoras. Mas a realidade é que eles operam em um mercado comercial em que os negociantes querem apresentar trabalhos que já sabem que podem vender, os colecionadores querem comprar arte que seja reconhecida por seu círculo e o sistema só quer o que ele conhece e entende.

Quebrar regras e desafiar todos esses grupos poderosos requer enorme coragem. Apenas um artista muito ousado seria capaz disso, e ainda assim, muitas vezes, ele precisa de ajuda. Geralmente são necessários (ao menos) dois agentes para desafiar o status quo estético: um artista e um mecenas. O mecenas pode assumir a forma de um negociante de arte, como foi o caso dos impressionistas, que deviam agradecer a Paul Durand-Ruel pelo apoio e por vender seus trabalhos e torná-los famosos. Ou de um rico colecionador

Quebrar regras e desafiar todos esses grupos poderosos requer enorme coragem.

como Peggy Guggenheim, que praticamente sozinha lançou a carreira de Jackson Pollock, e ao fazê-lo pavimentou o caminho para o expressionismo abstrato.

Há, porém, um caminho para um artista apresentar uma nova ideia radical ao público sem recorrer a um mecenas. E isso é optar por ficar totalmente fora do sistema. É preciso muita coragem. Mas se você é inovador e corajoso, isso pode ser feito – como Banksy tem habilmente demonstrado.

Seus cartuns de teor político já foram descritos como "travessuras", mas recentemente tiveram sua condição elevada por curadores de museus, que passaram a considerá-los obras de arte genuínas.

Banksy está agora sendo apropriado pelo sistema contra o qual se rebelou durante anos. Ele ridicularizava o sistema da arte do lado de fora com seus grafites (agora chamados de *street art* [arte das ruas], o selo de aprovação dos curadores), e do lado de dentro

Banksy, *Wall Art*, 2005.

com intervenções divertidas. Lembremos de quando ele dispôs um fragmento de rocha sem valor entre as peças expostas no venerado Museu Britânico. Ele colocou seu entulho – em que havia desenhado com caneta uma figura de homem das cavernas empurrando um carrinho de compras – em uma sala com esculturas da Antiguidade clássica. Acompanhando-a havia uma legenda (diagramada segundo a identidade visual do museu) que dizia:

> Este exemplar finamente preservado de arte primitiva data da era pós-catatônica... a maior parte deste tipo de arte infelizmente não sobreviveu. A maior parte foi destruída por funcionários municipais zelosos que não conseguem reconhecer o mérito artístico e o valor histórico do reboco nas paredes.

A peça permaneceu ao lado das antiguidades dos egípcios e gregos por vários dias, até que o museu percebeu ou foi alertado da sua presença. Era típico do estilo provocativo de Banksy: uma verdade incômoda envolta em uma piada insolente.

Neste caso a piada era a rocha; a verdade desconfortável eram os "funcionários municipais zelosos". Ninguém quer ser rotulado como subserviente ou desmancha-prazeres que tenta impedir ideias ou a criatividade, mas o fato é que a maioria de nós se comporta dessa forma – ou, pelo menos, ficamos satisfeitos em permanecer na retaguarda enquanto outros agem em nosso nome. Os casos na arte – e na cultura de forma geral – em que estetas intelectuais de alto escalão foram responsáveis por tentar anular a criatividade formam uma legião, desde Platão e sua *República* antiarte.

George Bernard Shaw descreveu este filistinismo latente enquanto fazia anotações para sua peça *César e Cleópatra* (1898), em que disse de Júlio César: "Ele é um homem de grande bom senso e bom gosto, o que significa um homem sem originalidade ou coragem moral."

Nós, o público e nossos representantes oficiais, não somos em geral obstinadamente conservadores ou propositadamente tacanhos. O que ocorre é que muitas vezes estamos despreparados para uma ideia nova quando nos é apresentada pela primeira vez por um artista. Ele terá levado meses – ou mesmo anos – de investigação, experimentação e desenvolvimento para chegar a uma criação coerente, e espera-se que entendamos e assimilemos tudo isso em instantes. Não surpreende nem um pouco que não consigamos fazê-lo. Mas nosso erro, como enfatizava George Bernard Shaw, é que, em vez de confiar no artista,

> **"Não tenha medo da perfeição, você nunca vai atingi-la."** SALVADOR DALÍ

tendemos a desconfiar e recusar, diante da ameaça de uma inovação desconhecida e potencialmente perigosa que não conseguimos compreender.

É neste terreno hostil, pedregoso, de suspeita e supressão, que a criatividade deve tentar florescer. É uma batalha, na melhor das hipóteses, frustrante; às vezes, perigosa. Na pior das hipóteses, mortal. É por isso que os artistas e criadores de todos os tipos realmente precisam ser corajosos.

Ao longo dos tempos e até os dias atuais, escritores, diretores, poetas, compositores e artistas foram submetidos a perseguição, prisão e até mesmo tortura pelo simples fato de se expressarem através da arte. Há censura em todos os países do mundo. Às vezes é a supressão brutal e flagrante imposta por um regime ditatorial; outras vezes é o estratagema mais sutil de um dogma politicamente correto, a intimidação por parte de grupos sectários e o controle corporativo.

Recentemente, no Reino Unido, tenho visto produções teatrais canceladas, comediantes silenciados e imagens removidas do website de um importante museu. Em todos os casos os artistas não tomaram a decisão: eles estavam, de fato, sendo censurados. Enquanto isso, em Pequim, o renomado artista chinês Ai Weiwei,

A criatividade dá voz à democracia e dá forma a civilizações.

depois de quase três meses preso e incomunicável, passou um longo período mantido em prisão domiciliar. Da solidão de sua casa, ele criou e segue criando um poderoso império. Não com um exército, ou por meio do terrorismo, ou dentro de um partido político – mas com a arte.

Existe a ideia de que a arte em todas as suas configurações e formas é algo brando: uma atividade supérflua projetada para entreter e divertir, e não realmente um assunto sério. Ai Weiwei, Pussy Riot e inúmeros outros que foram – e ainda são – submetidos à censura sugerem o contrário. A criatividade é uma ferramenta poderosa, e é por isso que foi temida por figuras de autoridade, de Platão a Putin. É como nos expressamos. Ela dá voz à democracia e dá forma a civilizações. É uma plataforma de ideias e um agente de mudanças. Devemos tratá-la com respeito, e tanto como criadores quanto como cidadãos tentar manter sempre a mente aberta e o espírito generoso.

Afinal, é nossa imaginação que nos torna humanos. Vincent van Gogh perguntou: "O que seria da vida se não tivéssemos coragem de tentar alguma coisa?" Imagino a resposta: seria tediosa, beirando a inutilidade.

9. Os artistas param para pensar

Se você visitar qualquer ateliê de artista, há um objeto que certamente verá. Pode estar no meio da sala, encostado em um canto, ao lado de uma escada ou cercado por frascos de terebintina. Pode até estar coberto por uma camada de poeira. Quaisquer que sejam as circunstâncias particulares, ele vai estar lá: muito amada, mas muitas vezes maltratada, a velha cadeira do artista.

Sua finalidade é muito maior que simplesmente fornecer ao pintor ou escultor cansado um lugar confortável para sentar, embora seja, sem dúvida, parte de sua função. Ela tem uma vocação maior, que é desempenhar um papel vital no processo criativo. A cadeira do artista é transformadora.

QUANDO OS ARTISTAS SE SENTAM EM SUAS CADEIRAS, DEIXAM DE SER CRIADORES E SE TRANSFORMAM EM CRÍTICOS.

QUANDO OS ARTISTAS se sentam em suas cadeiras, eles mudam de personalidade. Deixam de ser criadores e se transformam em críticos. Com a atitude do mais exigente conhecedor, olham para o que acabaram de criar e avaliam os resultados. Escrutinam o trabalho em busca de sinais de falta de sinceridade, desleixo e erros técnicos.

Às vezes, tendo identificado um problema, eles se levantam e fazem uma pequena correção. Pintores como David Hockney são conhecidos por fazerem isso quase que rotineiramente. Ele termina a pintura, se senta e observa o que fez. Seus olhos rastreiam a superfície da tela de um lado a outro, explorando os problemas da pintura. Às vezes não detecta nada inconveniente,

Seus olhos rastreiam a superfície da tela de um lado a outro, explorando os problemas da pintura.

então se inclina para trás e acende um cigarro. Em outras ocasiões, fixa em uma área mínima. É nesse momento que o reverenciado artista britânico se levanta da cadeira e aplica uma pincelada de tinta na seção duvidosa.

É surpreendente como isso de fato faz toda a diferença. Ele me mostrou onde havia adicionado um pequeno ponto de tinta amarela a sua enorme pintura *The Arrival of Spring in Woldgate, East Yorkshire* (2011). Em uma pintura com mais de 9,5 metros de comprimento e mais de 3,5 metros de altura, seria de imaginar que a adição de uma pétala amarela menor que uma pequena moeda seria totalmente incidental. Mas não era. Ele, de forma sutil, mas enfática, havia alterado o equilíbrio da composição e a forma como é lida.

O exemplo mais famoso desse tipo de intervenção pictórica *post hoc* deve ser a ocasião em que o artista romântico inglês J.M.W. Turner descobriu que sua elegante paisagem marinha *Helvoetsluys* havia sido pendurada ao lado da dramática *Inauguração da ponte de Waterloo*, de John Constable. Isso ocorreu na exposição anual da Royal Academy em maio de 1832, o evento de arte de maior prestígio do ano. Os dois artistas eram grandes rivais e altamente competitivos; não eram amigos.

A pintura de Constable havia levado mais de dez anos para ser produzida e era um sucesso, grandiosa, colorida e robusta. A tentativa de Turner, em comparação, parecia cinza e pouco vigorosa. O pintor da classe trabalhadora de Londres comparou as duas imagens e decidiu que alguma ação se fazia necessária, se não quisesse perder sua reputação como o maior artista vivo do país para seu adversário mais refinado e socialmente aceitável, John Constable. Turner pegou suas tintas, selecionou o mais brilhante vermelho que pôde encontrar, mergulhou o pincel na massa pegajosa e depois ergueu-o diante de sua tela como uma espada.

Ele desferiu um golpe resoluto no coração de *Helvoetsluys* e recuou. E ficou observando a bolha espessa de tinta começar a escorrer na tela como sangue, transformando o que antes era uma imagem ligeiramente sombria em algo muito mais vibrante, uma tela que agora poderia ser comparável à grande obra de Constable. A mancha – que Turner disse representar uma boia – não era maior que uma abotoadura, mas teve o efeito desejado. Quando Constable viu o que o rival tinha feito, exclamou: "Ele esteve aqui e disparou uma arma!"

David Hockney em seu estúdio, c.1967.

A resposta improvisada de Turner não é incomum para um artista, mas também não é universal. Há alguns, como Marcel Duchamp, que preferem sentar-se em sua cadeira e ali permanecer por um longo tempo, enquanto ponderam sobre um trabalho em andamento. O francês era um artista famoso por ser reflexivo, tanto filósofo quanto pintor ou escultor. Não tinha pressa ou propensão à impulsividade: um traço de caráter do qual sua obra final é testemunha.

Étant donnés (1946-66) é uma obra-prima do simbolismo erótico que se tornou um ícone para artistas de todo o mundo. Foi uma homenagem a esta obra tardia de Duchamp que vi pendurada displicentemente na parede do estúdio de Luc Tuymans quando o visitei. O artista belga havia pintado sua versão em um único dia. Duchamp levou vinte anos para fazer o original.

Nas duas décadas que passou sentado em sua cadeira, pensando sobre *Étant donnés* e jogando partidas intermináveis de xadrez, ele às vezes fazia uma alteração ou acrescentava algo em sua elaborada peça artística. É um trabalho enigmático, feito de uma grande variedade de objetos e materiais, incluindo pregos, tijolos, veludo, madeira, galhos e borracha. Não se pode chamá-la propriamente de escultura; está mais próxima de uma obra cenográfica, ou do que hoje se conhece como instalação – um conceito totalmente novo na época.

Você vê a peça olhando por um pequeno buraco em uma antiga porta espanhola de madeira. E o que vê é estranhamente surreal; lembra uma cena de assassinato em um filme de David Lynch. No primeiro plano, há uma parede de tijolos que foi derrubada até revelar uma mulher nua deitada de costas com os braços abertos. Sua cabeça, braço e pé direito não são visíveis. Mas podemos ver claramente seu torso, pernas e braço esquerdo. Ela tem a pele branca como mármore, e poderíamos pensar que estivesse morta, não fosse pela lâmpada de gás que segura na mão esquerda. Os galhos quebrados e as folhas velhas enrugadas sobre os quais seu corpo repousa tornam-se ainda mais assustadores em vista da beleza bucólica das colinas ondulantes e de um grupo de pinheiros à distância (um pano de fundo que Duchamp criou ao retocar uma fotografia antiga).

Se alguma vez houve uma obra de arte criada por um artista que fez uma pausa para pensar, essa obra é *Étant donnés*. E se alguma vez houve um artista que inspirou os que duvidavam de sua própria criatividade, esse artista foi Marcel Duchamp.

Tecnicamente falando, ele era muito limitado. Seu irmão era um escultor muito melhor, e a maioria dos outros pintores em Paris na época – inclusive Picasso e Matisse – era infinitamente mais talentosa. Neste sentido, Duchamp não era um grande artista. Sua genialidade foi aprender a pensar como um deles.

Um breve olhar para os capítulos anteriores deste livro mostra como ele fez isso. Ele foi empreendedor? Eu diria que sim. Este foi o homem que se mudou para Nova York e usou seu charme gaulês para atrair senhoras americanas ricas e convencê-las a apoiar seus empreendimentos, e que em seguida passaria a produzir frascos de perfume que continham nada além de ar. E quando ele se deparou com a perspectiva de fracasso devido à limitação dos seus talentos técnicos, simplesmente partiu para o plano B e se reinventou como o primeiro artista conceitual do mundo.

"NÃO IMPORTA A ARTE EM SI, MAS A ATENÇÃO QUE DEDICAMOS A ELA."

Marcel Duchamp

Quanto a ser curioso de verdade, bem, poucos poderiam se equiparar à mente indagadora de Duchamp. Ele lia prodigiosamente, foi uma força influente em todos os movimentos artísticos, do Dadá à pop art, jogava xadrez em nível profissional e fez questão de marcar presença constante entre os intelectuais da Europa e dos Estados Unidos. E tampouco estava isento de roubar. A posição exposta da mulher nua em *Étant donnés* não foi ideia sua; foi tomada da pintura *A origem do mundo* (1866), de Gustave Courbet.

Que ele era corajoso, não há dúvida. Duchamp desafiou as convicções centrais do todo-poderoso mundo da arte, arriscando tanto sua reputação quanto seu sustento. Sua coragem valeu a pena. Ele mudou fundamentalmente não só o curso da história da arte, mas também o da cultura, de forma mais ampla. O surrealismo, o Monty Python e até mesmo o punk rock devem algo a ele. Como ele fez isso? Sendo cético.

Por que a arte deve ser bela?, ele se perguntou. E por que tem de ser feita por um artista? Sua resposta a estas perguntas foi comprar um mictório

O truque de Duchmap era passar mais tempo pensando que fazendo.

e declará-lo um "readymade", isto é, uma escultura já pronta, e, ao fazer isso, abriu o caminho para Andy Warhol, Jeff Koons, Damien Hirst e Ai Weiwei, entre muitos outros.

Podemos observar, em *Étant donnés*, como Duchamp pensava tanto no contexto amplo quanto no detalhe mínimo. Aqui está uma peça de arte grande, dispersa, que você só pode ver através de um pequeno furo. E aquele furo representa o ponto de vista dele. Duchamp não conseguia entender como os artistas permitiam que as pessoas olhassem seus trabalhos de qualquer ângulo que escolhessem. Achava que deveria determinar com precisão o modo como alguém veria seu trabalho, e se certificou de que assim fosse em sua obra-prima final, que só pode ser vista de um ponto de vista muito específico, estático.

Duchamp é um exemplo a ser seguido. Além disso, acreditava apaixonadamente que qualquer pessoa pode ser um artista e passou sua vida nos mostrando como se faz isto. Ele escolheu obras de arte como veículo para sua imaginação, mas sua abordagem poderia ser igualmente aplicada a qualquer área de empreendimento criativo.

Seu truque era passar mais tempo pensando que fazendo. Ele parava para pensar e refletir sobre a vida e a criatividade, e sobre como as coisas poderiam ser. E é isso que eu vou fazer agora.

10. Todas as escolas deveriam ser escolas de arte

All Schools Should Be Art Schools [Todas as escolas deveriam ser escolas de arte] (2013) é uma pintura de um artista britânico que trabalha sob o pseudônimo de Bob and Roberta Smith. Ele a criou para o lançamento de seu Art Party, um agrupamento informal de artistas que se preocupam com o papel cada vez menor das artes e do design nas escolas inglesas. Sua campanha, portanto, é bastante específica, mas sua provocação além disso é bastante interessante. Talvez todas as escolas devessem ser escolas de arte – ao menos em atitude, se não no currículo?

-ALL -
SCHOOLS
SHOULD BE
-ART -
SCHOOLS

SEJA QUAL FOR o resultado dos esforços de Bob and Roberta Smith, parece ser um bom momento para fazer esta pergunta. Afinal, se nosso futuro vai mesmo ser baseado em uma economia criativa, e mais do nosso tempo livre será dedicado a produzir, então deveria parecer sensato preparar os jovens para isso.

Não estou sugerindo que haja pouco a se admirar em nossos sistemas atuais de educação formal, mas há sempre espaço para alguma inovação. Sobretudo se levarmos em conta os efeitos disruptivos da revolução digital, inúmeras oportunidades estão sendo criadas para reimaginar como a educação pode ser administrada e recebida no futuro.

As escolas e universidades ao redor do mundo têm reconhecido rapidamente os desafios e possibilidades trazidos pela era digital. Vimos a chegada dos cursos online abertos, que fornecem aulas de acesso livre na internet, proferidas por especialistas de renome internacional em diversos assuntos. E há também a noção de "sala de aula invertida", em que os alunos usam o espaço físico da escola ou da universidade como plataforma social para compartilhar e desenvolver ideias, enquanto a internet é utilizada como um lugar para assistir a aulas expositivas no estilo antigo.

Inúmeras oportunidades estão sendo criadas para reimaginar como a educação pode ser administrada e recebida no futuro.

Essas iniciativas por si só já são libertadoras, e provavelmente ajudarão os alunos a adquirir mentalidade independente e autossuficiência, dois grandes passos para fomentar um cultivo da criatividade. Mas penso que a visão de Bob and Roberta Smith vá um pouco além. Ela se baseia em sua própria experiência na escola de arte, que, segundo afirma, ensinou-o "como pensar, não o que pensar".

Ele estudou arte no Goldsmiths College, em Londres, no início dos anos 1990, quando este era provavelmente a escola de arte mais famosa do mundo. Alguns anos antes ela havia gerado um grupo de artistas sedentos de publicidade, provocadores da ordem estabelecida, que seriam conhecidos como YBA –

Escolas de arte ensinam como pensar – e não o que pensar.

Young British Artists, ou jovens artistas britânicos. Seu líder era um aluno dinâmico e arrogante chamado Damien Hirst, que, como sabemos, tornou-se um dos artistas mais bem-sucedidos de sua geração.

Hirst se fez no Goldsmiths – era um de seus alunos mais brilhantes. E, no entanto, chegou lá com um histórico de notas terríveis em arte no ensino médio, apenas o suficiente para passar de raspão. Por que um dos artistas mais influentes, inovadores e empreendedores do mundo não foi bem na escola? Por que alguém como Damien Hirst despontou na faculdade de artes e não antes?

Para Bob and Roberta Smith, o principal problema está no corpo estreito de conteúdos ensinado nas escolas, que ao longo de gerações tem sido codificado em um conjunto de regras fechadas e limitadas. Para ele, no entanto, a arte – e por extensão a criatividade – "significa quebrar regras" e "descobrir coisas novas".

Existe, é claro, um paradoxo na noção de que os alunos devem ir à escola para aprender a quebrar as regras, mas talvez valha a pena ponderar a questão. Isso pode ajudar a superar um paradoxo ainda maior embutido no sistema de ensino atual, que pode inadvertidamente colocar um limite no desenvolvimento intelectual dos estudantes.

Em muitas salas de todo o mundo, os alunos terão aulas e serão informados sobre as descobertas científicas de Einstein e Galileu, as peças de Shakespeare e as façanhas de Napoleão. Eles vão ouvir, aprender e fazer anotações. E então lhes será aplicada uma prova em que serão solicitados a contar o que lhes foi dito. No entanto, a principal razão pela qual estão aprendendo sobre esses indivíduos é porque Einstein, Galileu, Shakespeare e Napoleão alcançaram grandes feitos ignorando a sabedoria convencional e sendo corajosos o suficiente para questionar pressupostos longamente estabelecidos.

Será possível que os alunos aprendam o que estas grandes mentes alcançaram, mas nem sempre a lição mais valiosa, isto é, como fizeram isso?

Em outras palavras, eles se destacaram por não fazerem o que lhes foi prescrito. Será possível que os alunos aprendam o que estas grandes mentes alcançaram, mas nem sempre a lição mais valiosa, isto é, como fizeram isso?

A escola de arte ajudou Bob and Roberta Smith a pensar de forma independente e a desenvolver confiança para gerar suas próprias ideias em resposta ao estudo de um problema. Ele foi ensinado a olhar, compreender, julgar e, em seguida, produzir um objeto físico que abordasse as questões que queria explorar. Os "fatos" eram o ponto de partida, e não a conclusão. O que importava era o que ele fazia com a informação que recebia. O método, os materiais e o meio ficavam por conta da decisão dele – assim como a interpretação. A suposição básica era a de que a vida é incerta e de que nunca há uma única resposta. Todas as coisas precisam ser consideradas, e pontos de vista diferentes são inevitáveis.

Isso nos faz pensar sobre o valor real do nosso atual sistema público de avaliações, baseado em regurgitar a informação recebida. Evidentemente, os princípios têm de ser aprendidos, e alguma forma de teste ou exame é útil. Mas esses exames deveriam ser baseados principalmente na retenção de conhecimento, como acontece hoje em grande medida? Não serão de certa forma uma ferramenta inútil, quando quase todos os fatos estão apenas a um clique de distância? Além disso, não existe o risco de que esses testes exponham apenas o que um jovem não sabe, em vez de fornecer a ele uma oportunidade para mostrar o que sabe? Será que o medo da humilhação pública não poderá – tanto para o aluno quanto para a instituição acadêmica – interromper a criatividade em seu curso? Será que os exames, em vez de abrir os olhos dos alunos, não estão lhes colocando um par de antolhos?

E se o status da criatividade nas escolas e universidades fosse elevado? As instituições acadêmicas poderiam então se sentir encorajadas a assumir uma abordagem do tipo da escola de arte para a educação como um todo, concentrando mais o currículo em projetos que os alunos ajudariam a definir e menos nos exames. Talvez premiar o Novo e o Interessante, em lugar do Certo ou do Errado, ajudasse a desenvolver mais as habilidades necessárias para uma economia criativa. Tal abordagem poderia dar aos alunos mais oportunidade de criticar o trabalho uns dos outros, em discussões facilitadas por um professor cujo papel não seria necessariamente o de ter todas as respostas, mas garantir uma interação socrática que levaria a revelações e progresso. O objetivo não seria ridicularizar ou diminuir, mas expandir horizontes, identificar problemas e resolver incoerências.

Essa foi a experiência de Bob and Roberta Smith na escola de arte, onde ele aprendeu a ser crítico e a ser criticado, um processo que lhe ensinou rigor intelectual e resiliência emocional – ambos absolutamente essenciais em qualquer esfera da criatividade. Ele deixou a escola como todos os alunos deveriam deixar: autoconsciente e autoconfiante.

Talvez premiar o Novo e o Interessante, em lugar do Certo ou do Errado, ajudasse a desenvolver mais as habilidades necessárias para uma economia criativa.

Desconfio que exista uma informalidade nas escolas de arte que favorece a criatividade. É claro que isso nem sempre é fácil na esfera da educação primária e secundária, mas será que não poderia ser um objetivo, mesmo assim? Não poderíamos pensar em escolas mais parecidas com centros de criatividade e autodescoberta, em oposição às prisões moderadas impostas pelo Estado?

Uma mentalidade de escola de arte pode não só ensinar aos alunos como ter boas ideias, mas também a gerar a atitude empreendedora necessária para realizá-las. Presume-se em muitas faculdades de arte que a maioria dos estudantes provavelmente irá realizar suas ambições por meio de trabalho autônomo. Assim, em vez de uma série regular de visitas a empresas, práticas de entrevistas de emprego e preocupações sobre como adivinhar o pensamento de um futuro chefe, ensina-se aos estudantes de arte modos de produzir e fazer.

Isso já acontece no âmbito das estruturas existentes nas escolas de arte, mas uma abordagem mais centrada no aluno pode agora ser viável em nossa era digital. Não poderíamos começar a construir um currículo em parte sob medida, adaptado aos gostos e interesses individuais dos alunos? Isso não foi possível no passado, por razões práticas de orçamento e requisitos de exames. Mas com os recursos tecnológicos avançando rapidamente, combinados com uma abordagem menos centrada em exames, a oportunidade para uma mudança de ênfase pode se apresentar.

> **"A criatividade é contagiosa. Passe adiante."**
> ALBERT EINSTEIN

Quão viável no futuro será o modelo de currículo único para uma geração de estudantes que cresceu usando a tecnologia para organizar suas vidas e seus interesses? No momento em que muitos deles chegam ao ensino superior, já personalizaram seu mundo com playlists, Facebook e filtros do Google. Persistir com um sistema linear de educação de cima para baixo pode parecer cada vez mais como tentar barrar com um dedo a represa digital: uma represa prestes a estourar com os milhões de indivíduos que exigem aprendizagem sob medida.

As escolas de arte, que em geral visam atender justamente alunos maiores de dezesseis anos, estão aptas a ser um pouco mais flexíveis. Os professores são capazes de agir como facilitadores e colaboradores e não tanto como agentes da lei e examinadores. E com isso vem a liberdade para tentar ajudar os estudantes a encontrar uma área de interesse pessoal, através da qual o mundo todo começa a fazer sentido. Isso não é possível quando tudo é voltado para exames públicos, mas pode funcionar se o sistema atual for parcialmente flexibilizado.

Escola de arte ou não, os estudantes, ao se formar, precisam se tornar indivíduos de mentalidade independente, intelectualmente curiosos, autoconfiantes, engenhosos, preparados e animados com relação ao futuro e à contribuição que têm a oferecer. Isso nem sempre acontece hoje,

> **"Toda criança é um artista, o problema é permanecer artista depois que cresce."**
> PABLO PICASSO

quando os jovens muitas vezes saem da escola com uma sensação de inferioridade, se sentindo fracassados e com pouca confiança. Não tenho certeza se isso é bom para alguém.

Seria melhor se todas as escolas fossem escolas de arte? Acho que sim. Mas, seja qual for o seu ponto de vista, há poucas áreas mais emocionantes do que a educação em nossa era digital. Sei que a tecnologia, a mídia e a neurociência são mais atraentes, mas, a julgar pelo potencial inexplorado à espera de ser notado por uma nova geração de pensadores e realizadores, duvido que haja qualquer coisa que vença a educação como um lugar para se trabalhar imediatamente.

Tanta coisa está prestes a mudar, inclusive, suponho, a nossa relação com o meio acadêmico. A combinação de uma população intelectualmente ambiciosa que está vivendo mais tempo, uma economia criativa crescente e um mundo digitalizado vai levar muitos de nós a renovar ou expandir nossos laços com a educação. A ideia de que a aprendizagem formal pare assim que nos tornamos adultos vai parecer muito estranha no futuro. Assim como a ideia de que alguém tem uma carreira única por toda a vida. Se você for trabalhar até os oitenta anos, provavelmente vai querer explorar vários campos e não arar o mesmo sulco de terra década após década.

E isso vai significar voltar para a escola, faculdade ou universidade. E lá vamos descobrir que essas instituições acadêmicas, com seu talento e recursos incríveis para compartilhar com o mundo, já não são mais jardins murados com placas de "Não entre", mas centros abertos e emocionantes que nos oferecem uma tomada intelectualmente carregada na qual todos nós podemos nos plugar quando precisarmos de inspiração, conhecimento e de uma oportunidade para pensar.

11. Uma última reflexão

Se todas as escolas deveriam ser escolas de arte, talvez todos os escritórios devessem ser ateliês de arte. Não estou sugerindo que as pessoas comecem a trabalhar vestidas com jalecos azuis e os bolsos cheios de pincéis, mas penso que, se o fomento da criatividade é um objetivo genuíno para as empresas, então o ambiente de trabalho deveria ser mais colaborativo e menos hierárquico.

Uma economia criativa precisa de pessoas de mentalidade independente e com a liberdade e a capacidade de pensar com imaginação.

"NÃO DÁ PARA ESPERAR PELA INSPIRAÇÃO, É PRECISO IR ATRÁS DELA COM UM PORRETE."

Jack London

TODOS ESSES EMPREENDIMENTOS inovadores e ambiciosos do século XXI dizem precisar de pessoas capazes de conceber ideias de valor e realizá-las. E, no entanto, a maioria das empresas ainda mantém estruturas autoritárias tradicionais. Há exceções, é claro. O estúdio americano de animação Pixar, por exemplo, com seu Conselho de Peritos, fóruns de retroinformação e convite aberto aos funcionários para que apresentem ideias para um roteiro.

Mas esses casos ainda são bastante raros. As empresas não são organizadas de maneira a criar condições em que os funcionários tenham a oportunidade e a confiança para expressar seus talentos, uma vez que a relação empregador-empregado é amplamente baseada em subordinação, não em colaboração. Ser empregado pode ser uma experiência sufocante e infantilizadora, pouco propícia à criatividade.

Mas e se tivéssemos uma economia mais parecida com aquela em que os artistas operam, na qual a maior parte das pessoas são trabalhadores autônomos? Cada um de nós teria sua própria especialidade, operando com a mentalidade empreendedora de um artista. As empresas ainda existiriam, grandes e pequenas, mas já não trabalharíamos para elas, trabalharíamos com elas. A associação poderia durar vinte anos ou vinte minutos. É verdade que a sensação de segurança do funcionário com carteira assinada seria perdida (muitas vezes uma ilusão, de qualquer maneira), mas seria trocada por um maior senso de autonomia e independência.

Este cenário já é uma realidade para milhões de freelancers no mundo todo, mas eles continuam a ser a exceção, não a regra. E na maior parte dos casos ainda são vistos como estranhos, atores marginais e especialistas contratados para ajudar, em vez de parte integrante de uma empresa. Duvido que seria assim se as pessoas fossem na maior parte agentes livres: a dinâmica do emprego e, por extensão, da sociedade mudaria.

A vantagem seria profissionais altamente motivados, extremamente criativos e flexíveis, que se sentiriam donos de seu próprio destino: uma nova geração capacitada por suas carreiras. O desafio seria a necessidade de criar novas estruturas de apoio para ajudar uma população de freelancers a desfrutar os bons momentos e sobreviver aos maus.

Imagino que isso induziria a uma avaliação da natureza dos sistemas atuais de remuneração. O valor agregado e as habilidades excepcionais fornecidos por essa comunidade de pessoas criativas precisariam ser levados em conta. Incentivos ou bônus são bons quando ocorrem, mas não deveria haver uma partilha mais equitativa dos recursos? Se os freelancers estão compartilhando o risco de não serem funcionários em tempo integral, então será que não deveriam compartilhar também as vantagens?

Se você ajudou a criar ou desenvolver um serviço ou produto comercial, não deveria ter uma participação proporcional a sua contribuição? Talvez a convenção atual, que exige que os freelancers cedam seus direitos de propriedade intelectual, também devesse ser alterada? Poderia ser substituída por um novo sistema que representasse uma forma mais proporcional de divisão de riqueza, que reconhecesse e recompensasse a maioria criativa e não apenas a minoria executiva?

Mesmo da posição de um observador casual, parece cada vez mais evidente que existe uma tendência crescente para o mega e o micro. O mediano, o mais-ou-menos e o meio-termo estão achando a vida mais difícil nesse mundo de retroalimentação instantânea online e da vasta escolha oferecida aos consumidores pela economia global. O adequado não é mais necessariamente aprovado.

Há uma divisão clara se delineando. De um lado, temos as supermarcas globais, enormes distritos comerciais fora da cidade e websites dominantes; de outro, há os artesãos produzindo e fornecendo produtos e serviços locais autênticos e sob medida. Muitos desses artesãos qualificados estão negociando de sua rua comercial local em lojas antes desativadas. É este grupo crescente de indivíduos e pequenas cooperativas que está evoluindo para a nova classe criativa.

Talvez já estejamos a caminho de uma sociedade que será novamente preenchida com marceneiros e padeiros artesanais, pintores de fim de semana e inventores em tempo parcial – a maioria dos quais estará trabalhando no mundo digital ou se beneficiando dele. A falsa divisão entre os que têm e os que não têm criatividade será finalmente removida à medida que percebermos que todos têm o dom de produzir trabalho criativo de valor.

> **"Uma sala com quadros pendurados é uma sala com pensamentos nas paredes."**
> JOSHUA REYNOLDS

Acho razoável afirmar que a transição para uma comunidade criativa mais ampla já está acontecendo no mundo dos negócios.

Diz-se, por exemplo, que em 2014, mais do que nunca, empresas iniciantes foram fundadas por empresários empreendedores. Alguns vão se tornar ricos e famosos, como Mark Zuckerberg, do Facebook; os demais permanecerão menos conhecidos. É bem possível que a moça de vinte anos que lhe serviu um café esta manhã seja uma notável designer de aplicativos em tempo parcial, e que o jovem rapaz que tirou o lixo na última sexta seja o vocalista de uma banda com uma impressionante quantidade de seguidores online de várias partes do mundo.

Cada vez mais pessoas que eu encontro, jovens e velhos, adotaram uma ou duas linhas criativas paralelas. Alguns estão felizes em combinar suas produções próprias com seus empregos, enquanto outros se sustentam com uma combinação de prestação de serviços e empreendimentos. E há aqueles que foram capazes de estabelecer seus interesses criativos de maneira tão bem-sucedida que eles os sustentam financeiramente.

Esse é o tipo de exercício de equilíbrio profissional que os artistas têm aperfeiçoado ao longo dos séculos. Eles estão bastante acostumados à combinação da prática artística com um trabalho mais seguro, como o ensino. É uma mistura de alto e baixo risco que consigo ver se tornando um modelo mais comum em toda a sociedade. Pode ser que o sistema tradicional de um único chefe supervisionando

> **O futuro depende de adotarmos uma atitude diferente – aquela em que todos podemos nos expressar e contribuir para a sociedade utilizando nossa imaginação e talento únicos.**

uma hierarquia rígida, na qual funcionários em tempo integral se encaixam obedientemente na camisa de força corporativa, comece a parecer muito antiquado. Em particular para qualquer empresa que valoriza ou lucra com a criatividade. Um sistema tradicional baseado em uma cadeia vertical de comando é a maneira ideal para conduzir um exército, ou um bando de detentos perigosos, precisamente porque é infalível na supressão da imaginação humana.

O futuro depende de adotarmos uma atitude diferente – aquela em que todos podemos nos expressar e contribuir para a sociedade utilizando nossa imaginação e talento únicos. É nosso cérebro, e não nossos músculos, que nos torna especiais e faz a vida valer a pena. Isso vem funcionando para os artistas há muito tempo.

"O IMPORTANTE É SE EMOCIONAR, AMAR, TER ESPERANÇA, VIBRAR E VIVER!"

Auguste Rodin

AGRADECIMENTOS

Em primeiro lugar, gostaria de agradecer a você por ter adquirido este livro. Espero que tenha encontrado nele ao menos algumas passagens tocantes, seja em observações feitas ou nos episódios narrados.

Ele ficou um bom tempo em gestação. Talvez toda a minha vida adulta. Um longo período, com certeza. O que significa que muitas pessoas estiveram envolvidas em sua formação – e também na minha – ao longo do caminho.

Paul Richardson é uma delas. Foi o homem de bom coração que me levou como assistente de palco ao Sadler's Wells em meados dos anos 1980, quando eu não tinha nada a oferecer além de entusiasmo. Ele me ensinou como mover uma peça de cenário plana, de nove metros de altura, de um lado do palco para o outro sem derrubá-la. Foi a primeira pessoa a me apresentar a artistas.

Gee Thompson é outra. Compartilhou meu interesse pela criatividade e, juntos, publicamos a *SHOTS* no início dos anos 1990. Era uma revista sobre produção de curtas-metragens, como comerciais e videoclipes. Nós a vendemos – talvez de modo imprudente e com certeza muito cedo –, mas fico muito satisfeito que ela continue até hoje.

E depois há Steve Hare, a quem este livro é dedicado. Ele me ensinou – e a todos que tiveram a sorte de conhecê-lo – a beleza emocionante de ter uma mente inquisidora. Era um homem de extraordinária inteligência, amável e generoso, desprovido de avareza, mesquinhez ou insinceridade. Foi também o maior conhecedor das publicações da Penguin, a editora deste livro no Reino Unido.

A Penguin é hoje uma empresa muito grande, após sua fusão com a Random House. Nem todo mundo ficou feliz com a união, mas eu fiquei encantado. Isso significa que meu querido amigo Bill Scott-Kerr, um editor brilhante da Random House, agora não é apenas meu companheiro de bar e conselheiro, mas também um colega de trabalho.

Assim como Ben Brusey, meu primeiro editor na Viking. Seu mentor era o tranquilo e inteligentíssimo Joel Rickett, editor do selo. Quando Ben foi promovido dentro do grupo, Joel gentilmente concordou em assumir os meus projetos. Fiquei lisonjeado e honrado.

As grandes editoras são muitas vezes criticadas por serem impessoais e indiferentes. Essa não é a minha experiência na Penguin. Joanna Prior e Venetia Butterfield formam uma equipe de trabalho dos sonhos. São atenciosas, solidárias, incrivelmente dedicadas e muito divertidas. Assim como Annie Lee, revisora do livro, com quem pude passar horas de alegria conversando sobre arte e artistas. Também estou incrivelmente feliz por ter sido beneficiado pelo talento em design gráfico de Richard Bravery, a pesquisa de imagens de Huw Armstrong e a paciência de Emma Brown.

Não é possível escrever um livro sobre artistas sem artistas. Sou imensamente grato a todos aqueles pintores, artistas performáticos, pensadores e escultores que se dispuseram a gastar tempo comigo ao longo dos anos, e às organizações que tornaram possíveis tais reuniões – mais recentemente, a Tate Gallery e a BBC.

Em última análise, a criatividade está associada a otimismo e amor. E não há ninguém que incorpore os dois de modo mais profundo do que Kate, minha esposa. Ela tem uma mente afiada capaz de detectar na mesma hora uma frase artificial ou de sintaxe duvidosa, habilidade que parece ter transmitido a nossos filhos, que me ajudaram de vez em quando com sugestões para salvar minha dignidade. Os trechos bons são culpa deles – os disparates são todos meus.

CRÉDITOS DAS FOTOGRAFIAS E ILUSTRAÇÕES

Em preto e branco

p.9: fotografia © Jack Berman/Moment/Getty Images; p.19: fotografia © Susie Cushner/Taxi/Getty Images; p.21: fotografia © Mondadori/ Getty Images; p.23: Andy Warhol, *Dollar Sign*, c.1981 © The Andy Warhol Foundation for the Visual Arts, Inc./DACS; p.32-3: Theaster Gates, *Dorchester Projects*, 2009 © White Cube, Londres, 2015; p.39: fotografia © B. SCHMID/Amana Images/Getty Images; p.43: fotografia © Evening Standard/Hulton Archive/Getty Images; p.50: Roy Lichtenstein, *Washington Crossing the Delaware*, c.1951 © The Estate of Roy Lichtenstein/ DACS, 2015. Imagem cortesia da Gagosian Gallery. Fotografia: Robert McKeever; p.55: fotografia © Ogilvy & Mather, todos os direitos reservados; p.59: fotografia © Jeffrey Coolidge/Stone/Getty Images; p.65: Marina Abramović, Ulay, *Breathing In/Breathing Out*, 1977 © Marina Abramović, 2015. Cortesia de Marina Abramović e Sean Kelly Gallery, Nova York e DACS; p.68: fotografia © Gilbert & George. Todos os direitos reservados, DACS, 2015. Fotografia: Gilbert & George Studio; p.71: Peter Fischli/David Weiss, *How to Work Better*, 1991 © Peter Fischli e David Weiss, cortesia da Matthew Marks Gallery, Nova York; p.79: fotografia © Godong/Robert Harding World Imagery/Getty Images;

p.83: fotografia © Keystone-France/Gamma-Keystone/Getty Images; p.89: fotografia © Gjon Mili/Masters/Getty Images; p.95: Pablo Picasso, de *O touro* [La Taureau], 1945-46 © Succession Picasso/DACS, Londres, 2015/Museum of Fine Arts, Boston/Museum of Modern Art, Nova York/Art Resource/Scala, Florença; p.123: fotografia do próprio autor; p.128-9: fotografias do próprio autor; p.141: fotografia © Tim Robberts/ Stone/Getty Images; p.146: Francisco Goya, de *Os desastres da guerra*, 1810-20 © Image, The Metropolitan Museum of Art/Art Resource/Scala, Florença; p.147: Otto Dix, de *A guerra*, 1924 © 2015 DACS/The Metropolitan Museum of Art/Art Resource/Scala, Florença; p.157: Rembrandt van Rijn, *A ronda noturna*, 1642 © Rijksmuseum, Amsterdã, 2015; p.161: fotografia © Andy Crawford/Dorling Kindserley/Getty Images; p.163: fotografia © KAMMERMAN/Gamma-Rapho/Getty Images; p.173: Banksy, *Wall Art*, 2005 © British Museum; p.179: fotografia © Henrik Sorensen/The Image Bank/Getty Images; p.182: fotografia © Tony Evans/Timelapse Library Ltd./Hulton Archive/Getty Images; p.185: fotografia © Eliot Elisofon/The LIFE Picture Collection/Getty Images; p.189: Bob and Roberta Smith, de *All Schools Should Be Art Schools*, 2013 © Bob and Roberta Smith, 2015; p.199: fotografia © LWA/Larry Williams/ Blend Images/Getty Images.

Coloridas
Bridget Riley, *Man with a Red Turban (After Van Eyck)*, 1946 © Bridget Riley, 2015. Todos os direitos reservados, cortesia de Karsten Shubert, Londres; Bridget Riley, *Pink Landscape*, 1960 © Bridget Riley, 2015. Todos os direitos reservados, cortesia de Karsten Shubert, Londres; Bridget Riley, *Kiss*, 1961 © Bridget Riley, 2015. Todos os direitos re-

servados, cortesia de Karsten Shubert, Londres; Michelangelo Merisi da Caravaggio, *Baco doente*, 1593 © Image, Galleria Borghese, Roma/ Scala, Florença; Caravaggio, *A ceia em Emaús*, 1601 © The National Gallery, Londres. Apresentada pelo Hon. George Vernon, 1839; Caravaggio, *Salomé com a cabeça de são João Batista*, 1607 © The National Gallery, Londres; Pablo Picasso, *Anã dançarina*, 1901 © Succession Picasso/DACS, Londres, 2015/Museo Picasso, Barcelona/The Bridgeman Art Library; Pablo Picasso, *Arlequim sentado*, 1901 © Succession Picasso/ DACS, Londres, 2015/The Metropolitan Museum of Art/Art Resource/ Scala, Florença; Jacques-Louis David, *A morte de Sócrates*, 1787 © Image, The Metropolitan Museum of Art, 2015/Art Resource/Scala, Florença; Piero della Francesca, *A flagelação de Cristo*, 1458-60 © Galleria Nazionale delle Marche, Urbino, Itália/The Bridgeman Art Library; Luc Tuymans, *William Robertson*, 2014 © cortesia de David Zwirner, Nova York/Londres e Zeno X Gallery, Antuérpia; Luc Tuymans, *John Robison*, 2014 © cortesia de David Zwirner, Nova York/Londres e Zeno X Gallery, Antuérpia; Luc Tuymans, *John Playfair*, 2014 © cortesia de David Zwirner, Nova York/Londres e Zeno X Gallery, Antuérpia; Johannes Vermeer, *Moça com brinco de pérola*, 1665 © Mauritshuis, Haia; Peter Doig, *Ski Jacket*, 1994 © Peter Doig. Todos os direitos reservados, DACS, 2015/TATE Modern, Londres; Rembrandt van Rijn, *Autorretrato*, 1669 © The National Gallery, Londres; Kerry James Marshall, *De Style*, 1993 © Digital Image Museum Associates/Los Angeles County Museum of Art/Art Resource/Scala, Florença & Jack Shainman Gallery, Nova York, 2015.

SOBRE O AUTOR

Will Gompertz é o editor de artes da BBC, onde escreve, produz e apresenta programas sobre o tema. Foi diretor de comunicação da Tate Gallery por sete anos, quando esteve à frente do premiado Tate Online e da *Tate Etc*, o site e a revista sobre arte de maior popularidade do Reino Unido, respectivamente.

Eleito um dos cinquenta pensadores mais criativos do mundo pela revista nova-iorquina *Creativity*, Gompertz colaborou com o *Times* e o *Guardian* por duas décadas. É autor do best-seller *Isso é arte?*, traduzido para mais de quinze idiomas e publicado no Brasil pela Zahar com grande sucesso.

1ª EDIÇÃO [2015] 5 REIMPRESSÕES

ESTA OBRA FOI COMPOSTA POR MARI TABOADA EM BRANDON GROTESQUE
E DANTE PRO E IMPRESSA EM OFSETE PELA GEOGRÁFICA SOBRE PAPEL
PÓLEN SOFT DA SUZANO S.A. PARA A EDITORA SCHWARCZ EM JANEIRO DE 2022

A marca FSC® é a garantia de que a madeira utilizada na fabricação do papel deste livro provém de florestas que foram gerenciadas de maneira ambientalmente correta, socialmente justa e economicamente viável, além de outras fontes de origem controlada.